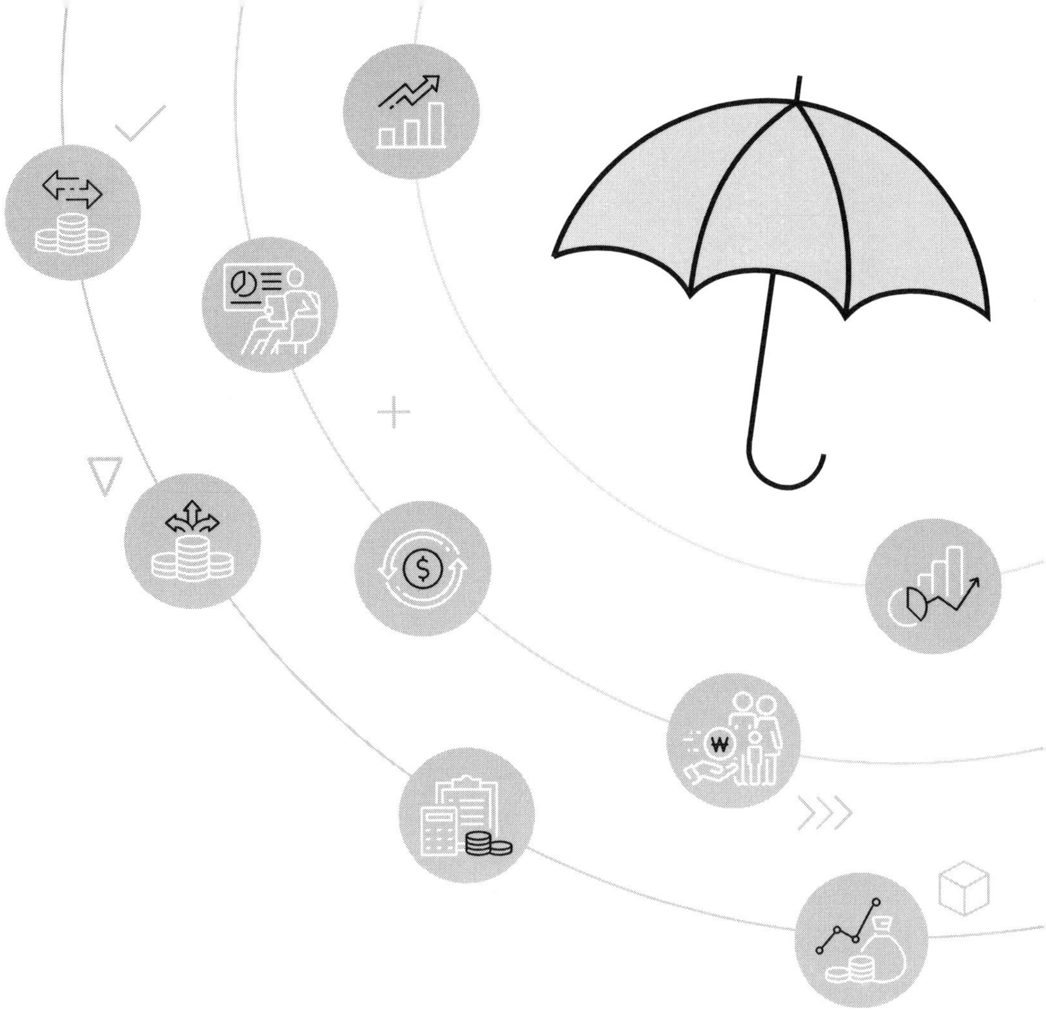

보험통계 입문 with Excel

안재윤 · 김소연 · 오로지
이영주 · 이규리 · 김도희 지음

자유아카데미

머리말

보험계리란 보험상품의 가격과 위험을 산정하는 학문으로, 복잡한 수학적 모델과 계산법을 사용할 뿐 아니라 법과 제도에 맞는 모형을 필요로 한다. 따라서 계리학습을 시작한 후 실제 업무에 투입되기까지 많은 학습 시간이 소요된다. 특히 역사적으로 보험계리학은 수학 및 통계학 등을 바탕으로 하면서도 이러한 전통적인 학문과는 독립적으로 성장해왔기 때문에 수학 및 통계전문가도 단기간에 접근하기 힘들다는 특징이 있다.

본 교재는 보험계리의 중요한 한 분야인 생명보험에 대해 다룬다. 생명보험은 보험계리의 기본이 되는 과목으로, 타 계리 과목에 비해 많은 학습 시간을 요구하며 계리 시험이나 계리 관련 학과의 커리큘럼에서 차지하는 비중도 상당히 높다고 할 수 있다.

최근에는 데이터 사이언스의 발전과 함께 보험계리에서도 전통적인 보험계리 과목들의 비중이 점차 낮아지고, 통계 및 데이터 사이언스의 중요성이 부각되고 있다. 미국 계리학회에서는 시험과목을 기존의 보험계리 위주에서 점진적으로 통계 및 데이터 사이언스 위주로 바꾸고 있다. 이에 따라 통계학 및 데이터 사이언스 학생들의 보험계리에 대한 접근성이 수월해졌다고 볼 수 있다.

이러한 흐름에 맞춰 많은 통계학과에서는 생명보험 및 손해보험과 관련된 기본적인 보험계리 과목들을 개설하고 있다. 이들 과목은 보험계리학과에서 개설된 보험계리 관련 과목들만큼 심도 있는 내용을 가르쳐 주지는 못하지만, 보험계리학의 핵심적인 내용을 단기간에 학습함으로써 수학 및 통계 등 타과 출신 학생들이 계리 전문가가 될 수 있는 길을 열어주고 있다.

그러나 기존의 교재는 보험계리학과를 위한 교재로 쓰인 경우가 많아 학습량이 많다. 그렇다 보니 수학 및 통계학의 관련 학과에서 단기간에 강의하기에는 너무 방대하고 어렵다. 이에 따라 생명보험 통계의 핵심 내용을 담으면서도 간단하고 명료한 교재에 대한 수요가 대두되고 있다. 본 교재는 이러한 목적으로 작성되었으며, 한 학기 내에 생명보험 수리의 주요 이론과 실제를 배울 수 있도록 구성하였다.

본 교재는 Excel 데이터 파일, 강의 슬라이드, YouTube 강의 등 다양한 온라인 학습 자료를 함께 제공한다. 이 자료들은 자유아카데미 홈페이지(www.freeaca.com) 자료실 혹은 https://sites.google.com/view/actuarial-stat에서 다운받을 수 있다. 마지막으로 이 책이 나오기까지 도움을 주신 모든 분들께 감사의 마음을 전한다.

2024년 12월 저자 일동

차 례

제 1 장

생명표와 평균기대여명

제1장 생명표와 평균기대여명

이 장에서는 사람 수명의 측정과 관련된 개념 및 계산을 소개한다. 이를 위한 가장 기본적인 도구는 생명표이다. 이 장에서는 생명표를 소개하고 몇 가지 기본 계산식들을 살펴본 뒤, 평균 기대여명의 개념을 탐구하고 생명표가 어떻게 사용되는지를 보일 것이다.

1.1 생명표

생명보험 연구의 핵심은 관심 있는 모집단에 속한 사람들의 수명을 반영하는 적합한 모델을 명시하는 것이다. 사람 수명을 설명하는 데 가장 흔히 사용되는 모델 중 하나는 생명표이다.

생명표는 다음에 기술된 몇 가지 가정을 반영한 가상세계를 바탕으로 만들어졌다. 첫째, 집단의 구성원들이 모두 처음에 정확히 x_0세에서 시작한다. 본 교재에서 x_0세란 태어난 지 x_0년이 된 사람을 뜻한다. 예를 들어 $x_0 = 0.5$는 태어난 지 0.5년이 지난 사람을 뜻한다. 많은 생명표에서 x_0는 0세이므로 이 경우 집단은 신생아를 포함한다. 둘째, 생명표의 근원이 되는 이 집단에 속한 사람들의 전체 수는 l_{x_0}명으로 가정한다. 셋째, 이 집단에서 x세까지 살아남을 것이라 기대되는 사람의 수는 l_x명으로 주어진다. 생명표는 x_0세부터 어떤 최고 연령까지의 나이를 나타내는 정수 x 각각에 대해 l_x를 표([표 1.1] 참조)로 정리된 요약으로 제시한다. 이 상한선은 그 나이에 살아있을 것이라 기대되는 초기 집단에서의 비율이 매우 낮도록 선택된다. 따라서 모델은 사람들이 이 나이 넘게 살 수는 없다는 것을 암시한다. 일반적으로 사람 수명에 대한 모델이 이와 같은 한계 나이를 가질 때, 한계 나이를 w로 가정하고 이 가정은

$$l_w = 0 \quad \text{그리고 } x < w\text{에 대해서} \quad l_x > 0 \qquad (\text{조건 } 1.1)$$

으로 나타낼 수 있다. 본 교재에서는 $w = 101$로 정한다. 또한, x세가 된 사람 중 $x+1$세에 도달하기 전에 사망하는 사람들의 수 d_x는

$$d_x := l_x - l_{x+1} \qquad \text{(정의 1.1)}$$

로 정의된다.

생명표([표 1.1] 참조)를 이용하여 많은 확률들과 생명보험과 관련된 개념들을 계산할 수 있다. 현재 x세인 사람이 $x+n$세까지 살아있을 확률, 즉 x세인 사람이 적어도 n년 이상 살 확률은

$${}_np_x := \frac{l_{x+n}}{l_x} \qquad \text{(정의 1.2)}$$

이다. 현재 x세인 사람이 $x+n$세에 도달하기 전에 사망할 확률은

$$\begin{aligned} {}_nq_x &:= 1 - {}_np_x \qquad \text{(정의 1.3)} \\ &= 1 - \frac{l_{x+n}}{l_x} \\ &= \frac{l_x - l_{x+n}}{l_x} \end{aligned}$$

로 계산할 수 있다. 또한 유용하게 사용되는 개념은 x세인 사람이 $x+m$세에서 $x+m+n$세 사이에 죽을 확률이다. 즉, x세인 사람이 적어도 m년 이상 살고 $m+n$년보다는 적게 살 확률이다. 기호로는 ${}_{m|n}q_x$라 나타내고, 때때로 연기된 사망률이라고도 불린다. 이 값은

$${}_{m|n}q_x := \frac{l_{x+m} - l_{x+m+n}}{l_x} \qquad \text{(정의 1.4)}$$

과 같이 정의된다.

다음은 Tatham 1891의 생명표로 SOA (Society of Actuaries)에서 인용하였다. 이 생명표에서는 한계 나이가 101세, 즉 $l_{101} = 0$으로 설정되어 있다. 앞으로 특별한 언급이 없다면 모든 예제에서 생존모형을 [표 1.1]로 가정하고 연간 명목이자율 $i = 0.06$으로 가정한다.

표 1.1 Life Table[1)]

x	l_x
0	1000000
1	841417
2	790201
3	763737
4	746587
5	734068
6	726815
7	721103
8	716309
9	712337
10	708990
11	706146
12	703593
13	701200
14	698840
15	696419
16	693695
17	690746
18	687507
19	683941
20	680033
21	675769
22	671344
23	666754
24	661997
25	657077
26	651998
27	646757
28	641353
29	635778
30	630038
31	624124
32	618056
33	611827
34	605430
35	598860
36	592107
37	585167
38	578019
39	570656
40	563077
41	555254
42	547288
43	539161
44	530838
45	522374
46	513702
47	504836
48	495761
49	486479
50	476980
51	467254
52	457022
53	446510
54	435729
55	424677
56	413351
57	401740
58	389827
59	377591
60	365011
61	352071
62	338820
63	325256
64	311368
65	297156
66	282638
67	267829
68	252763
69	237487
70	222056
71	206539
72	190971
73	175419
74	160074
75	144960
76	130227
77	115986
78	102359
79	89449
80	77354
81	66153
82	55842
83	46489
84	38132
85	30785
86	24436
87	19054
88	14576
89	10926
90	8015
91	5748
92	4025
93	2749
94	1828
95	1183
96	742
97	452
98	266
99	151
100	82
101	0

1) 관련 Excel 데이터 파일은 자유아카데미 홈페이지(www.freeaca.com)의 자료실에서 다운받을 수 있다

예제 1

다음 확률을 계산하고 의미를 짧게 서술하여라.

1) ${}_{25}p_{40}$　　2) ${}_{15}q_{60}$　　3) ${}_{15|5}q_{45}$

풀이

1) ${}_{25}p_{40} = \dfrac{l_{65}}{l_{40}} = \dfrac{297156}{563077} = 0.5277$. 이는 현재 40세인 사람이 적어도 25년 넘게 사는 확률, 즉 65세에 이르는 확률이다.

2) ${}_{15}q_{60} = 1 - \dfrac{l_{75}}{l_{60}} = \dfrac{l_{60} - l_{75}}{l_{60}} = \dfrac{365011 - 144960}{365011} = 0.6029$. 이는 현재 60세인 사람이 15년 안에 사망하는 확률, 즉 75세에 이르기 전에 사망하는 확률이다.

3) ${}_{15|5}q_{45} = \dfrac{l_{60} - l_{65}}{l_{45}} = \dfrac{365011 - 297156}{522374} = 0.1299$. 이는 현재 45세인 사람이 60세에서 65세 사이에 사망하는 확률이다.

다음 예제들을 통해, 위에서 정의된 확률들 사이의 몇 가지 간단한 관계들을 연습해 보자. 또한 아래의 [예제 2]와 [예제 3]에서 나온 관계식은 앞으로도 매우 자주 이용하게 될 것이므로 숙지할 필요가 있다.

예제 2

${}_{m|n}q_x = {}_mp_x \cdot {}_nq_{x+m}$를 보이고 의미를 설명하여라.

풀이

정의를 이용하여 다음을

$$
\begin{aligned}
{}_{m|n}q_x &= \frac{l_{x+m} - l_{x+m+n}}{l_x} = \frac{l_{x+m} - l_{x+m+n}}{l_x} \cdot \frac{l_{x+m}}{l_{x+m}} = \frac{l_{x+m} - l_{x+m+n}}{l_{x+m}} \cdot \frac{l_{x+m}}{l_x} \\
&= {}_mp_x \cdot {}_nq_{x+m}
\end{aligned}
$$

보일 수 있다. 위 예제의 공식으로 연기된 사망률 ${}_{m|n}q_x$는 현재 x세인 사람이 m년

살고, 그러고 나서 $x+m$살이 된 사람이 다음 n년 안에 사망하는 확률로 해석될 수 있다.

예제 3

다음을 보여라.

1) ${}_{m+n}p_x = {}_{m}p_x \cdot {}_{n}p_{x+m}$

2) ${}_{m|n}q_x = {}_{m}p_x - {}_{m+n}p_x = {}_{m+n}q_x - {}_{m}q_x$

3) ${}_{n}p_{x+m} = \dfrac{{}_{m+n}p_x}{{}_{m}p_x}$

풀이

우선 첫 번째 식은 다음의

$$ {}_{m+n}p_x = \frac{l_{x+m+n}}{l_x} = \frac{l_{x+m+n}}{l_x} \cdot \frac{l_{x+m}}{l_{x+m}} = \frac{l_{x+m}}{l_x} \cdot \frac{l_{x+m+n}}{l_{x+m}} = {}_{m}p_x \cdot {}_{n}p_{x+m} $$

식으로 얻어진다.

이어서 두 번째 식을 증명하기 위해

$$ {}_{m|n}q_x = \frac{l_{x+m} - l_{x+m+n}}{l_x} = \frac{l_{x+m}}{l_x} - \frac{l_{x+m+n}}{l_x} = {}_{m}p_x - {}_{m+n}p_x $$

$$ = (1 - {}_{m}q_x) - (1 - {}_{m+n}q_x) = {}_{m+n}q_x - {}_{m}q_x $$

을 이용할 수 있다. 세 번째 식은 첫 번째 식으로부터 얻어진다.

위의 예제는 직관적으로 이해될 수도 있는데, 현재 x세인 사람이 $x+m+n$세에 이르는 확률은 먼저 이 사람이 $x+m$세에 이르는 확률을 고려한 다음 $x+m$세가 된 사람이 추가로 n년을 생존하여 $x+m+n$세에 이르는 확률을 구함으로써 계산할 수 있다. 간단한 예를 들면, $x=25$, $m=30$, $n=20$이라 할 때, ${}_{30}p_{25}=0.6463$ 그리고 ${}_{20}p_{55}=0.3413$이면, 그 결과 ${}_{30}p_{25} \cdot {}_{20}p_{55} = 0.2206$이다. ${}_{50}p_{25}=0.2206$를 바로 계산해 보면 관계가 성립됨을 보일 수 있다.

위에 설명된 확률들을 계산할 때, 1년의 기간 즉, $n=1$에 관심이 있는 경우가 많다.

즉 ${}_{n}p_x$, ${}_{n}q_x$, ${}_{m|n}q_x$에서 $n=1$일 때 위의 표기들을

$$p_x = \frac{l_{x+1}}{l_x},\quad q_x = \frac{l_x - l_{x+1}}{l_x},\quad \text{그리고}\quad {}_{m|}q_x = \frac{l_{x+m} - l_{x+m+1}}{l_x}$$

과 같이 간단한 형태로 정의한다.

마지막으로 예제 2, 3이 직관적으로 잘 이해되었는지 확인하기 위해 다음 문제를 풀어보길 바란다.

문제 1 ${}_{n}p_{x+m} = \dfrac{{}_{m+n}p_x}{{}_{m}p_x}$ 을 보이고, 의미를 설명하여라.

1.2 평균기대여명

보험통계에서는 다양한 기호를 사용한다. 그러므로 보험통계에서 쓰이는 기호의 의미를 정확히 알고 익숙해질 필요가 있다. 기초적인 기호부터 소개하겠다.

$$(x) := \text{ 현재 나이가 } x\text{인 사람} \qquad (\text{정의 } 1.5)$$

앞으로 나이가 x세인 사람을 기준으로 내용을 설명할 것인데 설명의 편리함을 위해 그 사람을 특별히 (x) 기호를 사용하여 나타내기로 약속한다. (x)가 사망할 때까지 걸리는 시간, 즉 (x)의 미래생존기간(future lifetime)을 다음과 같이 나타낼 수 있다.

$$T_x := (x)\text{의 잔여수명} \qquad (\text{정의 } 1.6)$$

T_x는 그 값을 현재에는 알 수 없는 연속 확률변수이다. 예를 들어 (30)에 대해서 $T_{30} = 17.7$이라고 하면, 나이가 30세인 어떤 사람이 17.7년 뒤에 사망한 것을 뜻하고, 사망 시 나이는 47.7세임을 알 수 있다.

지금까지 학습한 내용을 새로운 기호인 (x)의 잔여수명 T_x에 대해 다음과 같이 나타낼 수 있다. 여기서 T_x를 연속변수로 가정하므로 다음 식에서 ${}_{n}p_x = P(T_x > n)$이나 ${}_{n}p_x = P(T_x \geq n)$는 같은 값으로 볼 수 있고, 등호의 유무에 대해서는 크게 신경 쓰지 않기로 한다. 편의상 생존확률에 등호를 넣기로 하자.

- ${}_{n}p_x = P(T_x \geq n)$

- ${}_nq_x = P(T_x < n)$
- ${}_{k\mid n}q_x = P(k \le T_x < k+n)$

또한 위를 이용하면 다음을 구할 수 있다.

문제 2 다음을 보이고 의미를 생각하여라.

1) $P(T_x < n+m \mid T_x \ge m) = P(T_{x+m} < n)$

2) $P(T_x \ge n+m \mid T_x \ge m) = P(T_{x+m} \ge n)$

Hint: 1)에서는 $P(T_x < n+m \mid T_x \ge m) = \frac{{}_{m+n}p_x}{{}_mp_x}$를 먼저 보이고, 2)에서는 $P(T_x \ge n+m \mid T_x \ge m) = \frac{{}_{m+n}p_x}{{}_mp_x}$를 먼저 보여라.

(x)의 평균기대여명(life expectancy at age x)이란 앞으로 (x)가 살아갈 날의 평균값으로서

$$\dot{e}_x := E[T_x]$$

와 같이 정의된다. 이에 대한 성질은 6장에서 다시 공부한다.

이 장에서는 우리에게 주어진 정보인 생명표를 이용하기 때문에 정수 나이에 대한 자료만 나타나 있으므로, 평균기대여명을 구할 때에 잔여수명의 소수부분을 고려하지 않은 정수 여명(curtate future life time)에 대해서만 알아보기로 한다. 즉, 우리는 (x)의 잔여수명인 T_x의 정수부분만을 고려한 기간을 다루고자 한다. 정수여명을 수리적으로 표현하기 위해 플로어(floor)라는 기호를 쓰면 편리한데, 플로어는 $\lfloor a \rfloor$과 같이 나타내며, 이는 'a의 값과 같거나 작은 수 중 가장 큰 정수'를 뜻한다. 예를 들어 $\lfloor 2.8 \rfloor = 2$, $\lfloor -5.1 \rfloor = -6$, $\lfloor 3 \rfloor = 3$이다. 플로어 기호를 사용하면 정수여명 K_x를 다음과 같이 정의할 수 있다.

$$K_x := \lfloor T_x \rfloor \qquad \text{(정의 1.7)}$$

예를 들어 현재 30세인 어떤 사람이 추가로 41.5년을 산다고 가정하면(이 사람의 사망 나이는 71.5세) $T_{30} = 41.5$이고 정수여명 $K_{30} = 41$이다. 이 30세인 사람이 0.8년 더

살고 죽는다고 가정하면, $T_{30}=0.8$이고 정수여명 $K_{30}=0$이 된다.

K_x는 확률변수 T_x로부터 정의되는 음이 아닌 정수의 값을 가지는 확률변수이다. $K_x=0$은 $0 \le T_x < 1$과 동치이다. 비슷한 논리로 $K_x=k$은 $k \le T_x < k+1$과 동치이다. 이를 이용하면 K_x의 확률 질량 함수는 다음과 같이 구할 수 있다(플로어 기호의 특징에 의해 아래 식의 부등호에 등호 여부가 자연스럽게 결정된다. 다만 본 교재에서 T_x는 연속 변수이기 때문에 부등호에서 등호의 존재 여부는 크게 신경 쓰지 않아도 된다.).

$$\begin{aligned}\Pr(K_x=k) &= \Pr(k \le T_x < k+1) \qquad \text{for } k=0,1,\cdots \\ &= {}_{k|}q_x\end{aligned} \qquad \text{(식 1.1)}$$

여기서 보험회사가 관심을 갖는 개념 중 하나는 확률변수 K_x의 기댓값인데, 정수기대여명(curtate expectation of life)이라고 불린다. 이 값은 e_x로 표기되며

$$e_x := E(K_x) \qquad \text{(정의 1.8)}$$

와 같이 정의되고, 다음의 간편(?) 공식을 사용해 계산할 수 있다.

$$e_x = \sum_{k=1}^{\infty} {}_kp_x$$

이 식의 증명은 다음과 같다.

$$\begin{aligned} e_x &= \sum_{k=0}^{\infty} k\Pr(K_x=k) \\ &= \sum_{k=0}^{\infty} k\,{}_{k|}q_x \\ &= \sum_{k=0}^{\infty} k\,({}_kp_x - {}_{k+1}p_x) \\ &= 1({}_1p_x - {}_2p_x) + 2({}_2p_x - {}_3p_x) + 3({}_3p_x - {}_4p_x) + \cdots \\ &= {}_1p_x + {}_2p_x + {}_3p_x + \cdots \\ &= \sum_{k=1}^{\infty} {}_kp_x \end{aligned}$$

여기서 다섯 번째 등호는 $e_x < \infty$로부터 얻어진다. 즉, 유한한 멱급수에서는 합하는 순서를 바꿀 수 있다. 생명표에서 사용된 가정처럼 생존 모델에 가정된 한계 나이가 있을

때는 한계 나이 w세 이상 생존할 확률을 0으로 가정한 것이기 때문에 이 합의 값이 유한한 값을 가진다는 것을 알 수 있다. 또한, (x)는 w세를 넘어서 살 수 없기 때문에 다음 식을 얻을 수 있고,

$$ {}_tp_x = 0 \qquad \text{for} \qquad t \geq \omega - x $$

이로부터 (정의 1.8)의 식은

$$ e_x = \sum_{k=1}^{\omega - x - 1} {}_kp_x $$

와 같이 나타낼 수 있다.

EXCEL 예제 1

e_{30}를 계산하여라.[2)]

풀이

(정의 1.8)로부터

$$ \begin{aligned} e_{30} &= \sum_{k=1}^{\infty} {}_kp_{30} \\ &= {}_1p_{30} + {}_2p_{30} + {}_3p_{30} + \cdots + {}_{69}p_{30} + {}_{70}p_{30} + {}_{71}p_{30} + \cdots \\ &= (\frac{l_{31}}{l_{30}}) + (\frac{l_{32}}{l_{30}}) + (\frac{l_{33}}{l_{30}}) + \cdots + (\frac{l_{99}}{l_{30}}) + (\frac{l_{100}}{l_{30}}) + (\frac{l_{101}}{l_{30}}) + \cdots \end{aligned} $$

를 구할 수 있다. 이후 계산은 EXCEL을 이용한다.

답: $e_{30} = 31.6035$

정기정수기대여명(n-year temporary curtate life expectancy)이라 불리는 $e_{x:\overline{n}|}$는 정의에 따르면 (x)가 n년 내에 사망할 경우에는 사망할 때까지의 시간을, n년 이후에 사망할 경우에는 n을 T_x값으로 취하고 그 값들의 정수부분 기댓값이라 할 수 있다. 즉, $e_{x:\overline{n}|}$는

2) 관련 Excel 데이터 파일은 자유아카데미 홈페이지(www.freeaca.com)의 자료실에서 다운받을 수 있다

$$e_{x:\overline{n}|} := E[\min(K_x, n)]$$

와 같이 정의된다. 다음 [예제 4]와 예제 5를 통해 정기정수기대여명을 구해보자. 이 예제들과 비슷한 논리의 계산이 앞으로 많이 쓰이므로 그 의미를 이해하고 증명 과정에도 익숙해지는 것이 중요하다.

예제 4

$e_{x:\overline{n}|} = \sum_{k=1}^{n} {}_kp_x$ 임을 보여라.

풀이

정의를 이용하여 다음을 얻을 수 있다.

$$\begin{aligned} e_{x:\overline{n}|} &:= E[\min(K_x, n)] \\ &= \sum_{k=0}^{\infty} \min(K_x, n)\Pr(K_x = k) \\ &= \sum_{k=0}^{n} k\Pr(K_x = k) + \sum_{k=n+1}^{\infty} n\Pr(K_x = k) \\ &= \sum_{k=0}^{n} k\Pr(K_x = k) + n\sum_{k=n+1}^{\infty} \Pr(K_x = k) \\ &= \sum_{k=0}^{n} k({}_kp_x - {}_{k+1}p_x) + n\Pr(K_x \geq n+1) \\ &= {}_1p_x + {}_2p_x + {}_3p_x + \cdots + {}_np_x \end{aligned}$$

예제 5

$e_{x:\overline{n}|} = e_x - {}_np_x \ e_{x+n}$ 임을 보여라.

풀이

[예제 4]의 결과를 이용하여 다음을 얻을 수 있다.

$$\begin{aligned} e_{x:\overline{n|}} &= \sum_{k=1}^{n} {}_kp_x \\ &= \sum_{k=1}^{\infty} {}_kp_x - \sum_{k=n+1}^{\infty} {}_kp_x \\ &= \sum_{k=1}^{\infty} {}_kp_x - {}_np_x \sum_{k=n+1}^{\infty} \frac{{}_kp_x}{{}_np_x} \\ &= \sum_{k=1}^{\infty} {}_kp_x - {}_np_x \sum_{t=1}^{\infty} {}_tp_{x+n} \\ &= e_x - {}_np_x e_{x+n} \end{aligned}$$

예제 5의 결과는 다음과 같이 나타낼 수도 있는데

$$e_x = e_{x:\overline{n|}} + {}_np_x e_{x+n}$$

이는 앞으로 많이 쓰일 중요한 공식이다.

[예제 5]는 정수 여명 K_x를 사용한 증명도 가능하다. 우선 다음 기호를

$$(y)_+ = \begin{cases} 0, & y \le 0; \\ y, & y > 0; \end{cases}$$

정의한다. 다음의 증명은 다소 어려울 수 있으므로 숙달될 필요는 없고, 책을 따라서 한두 번 정도 논리를 익히는 것을 추천한다.

예제 6

1) $E\left[(K_x - n)_+\right] = {}_n p_x \; e_{x+n}$

2) $e_{x:\overline{n|}} = e_x - {}_np_x \; e_{x+n}$

풀이

우선 다음과 같이 1)을 보일 수 있다.

$$
\begin{aligned}
E\left[(K_x-n)_+\right] &= \sum_{k=n+1}^{\infty}(k-n)_+ P(K_x=k) \\
&= \sum_{k=1}^{\infty} k\,P(K_x=n+k) \\
&= \sum_{k=1}^{\infty} k\,P(n+k \le T_x < n+k+1) \\
&= {}_n p_x \sum_{k=1}^{\infty} k\ {}_{k\,|}q_{x+n} \\
&= {}_n p_x \sum_{k=1}^{\infty} k\,P(k \le T_{x+n} \le k+1) \\
&= {}_n p_x \sum_{k=1}^{\infty} k\,P(K_{x+n}=k) \\
&= {}_n p_x\ e_{x+n}
\end{aligned}
$$

2)를 증명하기 위해 다음의 식[3]을 이용하면

$$a=\min(a,b)+(a-b)_+$$

정수여명 K_x에 대하여 다음의 식을 얻을 수 있다.

$$K_x=\min(K_x,n)+(K_x-n)_+$$

이 식의 양변에 평균을 취하면 다음의 식을 얻는다.

$$e_x=e_{x:\overline{n|}}+E\left[(K_x-n)_+\right]$$

마지막으로 위 식에 1)의 결과를 이용하면 $e_{x:\overline{n|}}=e_x-{}_np_xe_{x+n}$이 나온다.

아래 두 문제에서 보이는 관계식은 문제 풀이에 많이 사용되는 식이다.

문제 3 $n>m$일 때 $e_{x:\overline{n|}}=e_{x:\overline{m|}}+{}_mp_x\ e_{x:\overline{n-m|}}$임을 보이고 의미를 생각해 보아라.

3) 이 식은 $a>b$일 때와 $a\le b$일 때로 나누어 증명하면 쉽게 도출할 수 있다.

문제 4 다음의 식

$$e_x = p_x + p_x e_{x+1} \qquad \text{(식 1.2)}$$

을 보이고 의미를 생각해 보아라.

EXCEL 예제 2

e_{100}, e_{99}, e_{98}, $\cdots$, e_0를 차례로 계산한 후 $e_0 + e_1 + \cdots + e_{100}$의 값을 구하여라.

풀이

우선 한계나이는 $\omega = 101$이므로 $e_{100} = \sum_{k=1}^{\infty} {}_kp_{100} = p_{100}$임을 알 수 있다. 다음으로 EXCEL에 생명표로부터 p_x 칼럼을 작성한다. 이제 문제 2의 공식으로부터 e_{99}를

$$e_{99} = p_{99} + p_{99} e_{100}$$

와 같이 계산할 수 있다. 이제, 방금 구한 e_{99}의 값을 이용하여 e_{98}을

$$e_{98} = p_{98} + p_{98} e_{99}$$

와 같이 계산할 수 있고, 이를 반복하여 e_{97}, $\cdots$, e_0을 차례로 계산할 수 있다. 자세한 계산과정은 EXCEL을 이용한다.

답: $e_0 + e_1 + \cdots + e_{100} = 2146.927$

1.3 선택표(select life tables)

생명표가 주어져 있고, 선택된 보험가입자 $[x_0]$에 대하여 선택기간이 d년인 [표 1.2]와 같이 선택표가 주어져 있다고 하자. 암보험을 예로 들면, 암보험 가입자는 가입 당시 건강상 까다로운 가입 절차를 거쳐서 선별되기 때문에 또래 집단보다 건강할 것으로 생각된다. 따라서 보험회사에서는 이러한 암보험 가입자의 생명표를 따로 작성하고 이를 선택표라고

부른다. 선택표에는 선택기간 d년이 주어져 있고, 이는 선택기간 d년이 지나면 선택된 집단의 사력이 또래 집단과 같아진다고 가정한다. 즉, 선택기간이 d년으로 주어진 선택표에서 $t \geq d$인 경우

$$q_{[x_0]+t} := q_{x_0+t}$$

와 같이 정의된다. 따라서 $z+t < d$인 경우에 다음과 같이 사망확률이 주어지며

$$_zp_{[x_0]+t} := p_{[x_0]+t}\ p_{[x_0]+t+1} \cdots p_{[x_0]+t+z-1}$$

로 정의되고, $z+t \geq d$인 경우에는

$$_zp_{[x_0]+t} := p_{[x_0]}\ p_{[x_0]+t+1} \cdots p_{[x_0]+t+d-1}\ p_{x_0+t+d}\ p_{x_0+t+d+1} \cdots p_{x_0+t+z-1}$$

과 같이 정의된다. 위의 규칙은 다음 예제들을 통해 더욱 쉽게 이해할 수 있다.

표 1.2 선택기간이 $d=3$년인 선택표

x	$q_{[x]}$	$q_{[x]+1}$	$q_{[x]+2}$	q_{x+3}	$x+3$
60	0.09	0.11	0.13	0.15	63
61	0.10	0.12	0.14	0.16	64
62	0.11	0.13	0.15	0.17	65
63	0.12	0.14	0.16	0.18	66
64	0.13	0.15	0.17	0.19	67

예제 7

[표 1.2]와 같이 선택기간이 $d=3$년인 선택표가 주어졌을 때 다음을 계산하여라.

1) $_2p_{[60]}$
2) $_2p_{[60]+1}$
3) $_4p_{[61]+1}$

풀이

[표 1.2]를 이용하면

$$\begin{aligned} {}_2p_{[60]} &= (1-q_{[60]})(1-q_{[60]+1}) \\ &= 0.8099 \end{aligned}$$

과

$$\begin{aligned} {}_2p_{[60]+1} &= (1-q_{[60]+1})(1-q_{[60]+2}) \\ &= 0.7743 \end{aligned}$$

그리고

$$\begin{aligned} {}_4p_{[61]+1} &= (1-q_{[61]+1})(1-q_{[61]+2})(1-q_{[61]+3})(1-q_{[61]+4}) \\ &= (1-q_{[61]+1})(1-q_{[61]+2})(1-q_{64})(1-q_{65}) \\ &= 0.5276 \end{aligned}$$

을 얻을 수 있다.

예제 8

[표 1.2]와 같이 선택기간이 $d=3$년인 선택표가 주어졌을 때 $e_{[61]+1:\overline{4}|}$를 계산하여라.

풀이

[표 1.2]를 이용하여

$$\begin{aligned} e_{[61]+1:\overline{4}|} &= \sum_{k=1}^{4} {}_kp_{[61]+1} \\ &= (1-q_{[61]+1}) + (1-q_{[61]+1})(1-q_{[61]+2}) + (1-q_{[61]+1})(1-q_{[61]+2})(1-q_{[61]+3}) \\ &\quad + (1-q_{[61]+1})(1-q_{[61]+2})(1-q_{[61]+3})(1-q_{[61]+4}) \\ &= (1-q_{[61]+1}) + (1-q_{[61]+1})(1-q_{[61]+2}) + (1-q_{[61]+1})(1-q_{[61]+2})(1-q_{64}) \\ &\quad + (1-q_{[61]+1})(1-q_{[61]+2})(1-q_{64})(1-q_{65}) \\ &= 2.8002 \end{aligned}$$

를 계산할 수 있다.

주어진 생명표(l_x들이 이미 주어짐)와 선택기간이 d년인 선택표($q_{[x]+t}$들이 이미 주어짐)를 이용해, 선택표와 같은 정보를 이미 주어진 l_x와 새롭게 정의된 $l_{[x]+t}$를 이용하여 표시할 수도 있는데, $l_{[x]+t}$는 다음의 두 가지 규칙을 이용하여 정의되어 있다.

ⅰ. $t \geq d$에 대하여

$$l_{[x]+t} := l_{x+t} \tag{식 1.3}$$

로 정의한다.

ⅱ. 임의의 음이 아닌 정수 t에 대하여, $l_{[x]+t}$는 다음의 식을 이용하여

$$q_{[x]+t} = 1 - \frac{l_{[x]+t+1}}{l_{[x]+t}} \tag{식 1.4}$$

로 정의한다.

예제 9

[표 1.2]와 같이 선택기간이 $d=3$년인 선택표가 주어졌을 때 다음의 표를 완성하여라.

x	$l_{[x]}$	$l_{[x]+1}$	$l_{[x]+2}$	l_{x+3}	$x+3$
60				1000	63
61					64
62					65
63					66
64					67

풀이

우선 [표 1.2]의 q_{x+3}들을 이용하여 위의 표에서 l_{x+3}을 채울 수 있다. 나머지는 (식 1.3)과 (식 1.4)를 사용하여 다음과 같이 계산할 수 있다.

x	$q_{[x]}$	$q_{[x]+1}$	$q_{[x]+2}$	q_{x+3}	$x+3$
60	1419.2188	1291.48909	1149.42529	1000	63
61	1247.9446	1123.15011	988.372093	850	64
62	1084.8508	965.517241	840	714	65
63	932.21459	820.348837	705.5	592.62	66
64	791.72414	688.8	585.48	485.9484	67

자세한 풀이는 연습문제로 남긴다.

1.4 다중탈퇴모형

생존모형에서는 한 사람이 모집단을 떠나는 탈퇴 원인을 사망이라는 하나의 이유로 제한한다. 하지만 경우에 따라 한 사람이 모집단을 떠나는 데에는 다수의 원인이 있을 수 있기에, 이 장에서는 기존의 단일탈퇴모형을 확장시켜 탈퇴 원인이 여러 가지인 상황을 고려한다. 생명보험 상품의 경우 사망 이외에도 해약과 같은 계약종료 사유가 존재하므로 생존모형보다는 다중탈퇴모형이 한층 현실적이라고 할 수 있다. 또 다른 예로 회사가 직원들에게 제공하는 연금을 고려해 보자. 직원들은 사망, 계약종료, 또는 은퇴를 이유로 회사를 떠날 수 있다. 이 3가지 원인들은 고용주에게 상이한 금융 의무를 지울 것이다. 따라서 연금 계획 시 이러한 원인들은 개별적으로 고려될 필요가 있다.

$1, ..., J$로 이름 붙여진 J개 탈퇴 원인이 있는 모집단을 가정하자. 모집단에서 어떤 이유에서건 1년 안에 모집단을 떠난 (x)의 수를 $d_x^{(\tau)}$라 하고, 이 중에서 j의 이유로 1년 안에 모집단을 떠난 (x)의 수를 $d_x^{(j)}$라 하자. 총 J개 탈퇴 원인이 있으므로 다음과 같은 식을 세울 수 있다.

$$d_x^{(\tau)} = \sum_{j=1}^{J} d_x^{(j)} \qquad \text{(식 1.5)}$$

그렇다면 이제 (x)가 j의 이유로 1년 안에 모집단을 떠나는 확률을 다음과 같이 구할 수 있다.

$$q_x^{(j)} := \frac{d_x^{(j)}}{l_x} \qquad \text{(정의 1.9)}$$

이 장에서는 (x)가 어떠한 이유로든 모집단을 떠나는 확률을 $q_x^{(\tau)}$로 나타내기로 한다.

$$q_x^{(\tau)} = \sum_{j=1}^{J} q_x^{(j)} \qquad \text{(식 1.6)}$$

(x)가 어떠한 탈퇴 원인에도 굴복하지 않고 $x+1$세에 이르는 확률은 $p_x^{(\tau)}$로 나타내고, 이는 다음과 같이 계산할 수 있다.

$$p_x^{(\tau)} := 1 - q_x^{(\tau)} \qquad \text{(정의 1.10)}$$

${}_nq_x^{(j)}$를 (x)가 n년 안에 j의 이유로 탈퇴할 확률이라고 하면 다음을 만족하게 된다.

$${}_nq_x^{(j)} := \frac{d_x^{(j)} + \cdots + d_{x+n-1}^{(j)}}{l_x}$$

또한 위 식은 [문제 5]와도 같이 나타낼 수 있다.

문제 5 ${}_nq_x^{(j)} = q_x^{(j)} + p_x^{(\tau)} q_{x+1}^{(j)} + \cdots + {}_{n-1}p_x^{(\tau)} q_{x+n-1}^{(j)}$ 임을 보여라.

Hint: 다음 식을 이용할 수 있다.

$$\begin{aligned} {}_nq_x^{(j)} &= \frac{d_x^{(j)}}{l_x} + \frac{d_{x+1}^{(j)}}{l_x} + \cdots + \frac{d_{x+n-1}^{(j)}}{l_x} \\ &= \frac{d_x^{(j)}}{l_x} + \frac{l_{x+1}}{l_x}\frac{d_{x+1}^{(j)}}{l_{x+1}} + \cdots + \frac{l_{x+n-1}}{l_x}\frac{d_{x+n-1}^{(j)}}{l_{x+n-1}} \end{aligned}$$

다음 표는 다중탈퇴모형의 예시를 일부분만 발췌한 것이다. 다음 예제를 통해 (식 1.6)과 (정의 1.9)을 좀 더 직관적으로 이해할 수 있을 것이다.

표 1.3 다중탈퇴모형 예시

x	$q_x^{(1)}$	$q_x^{(2)}$	$q_x^{(3)}$	$q_x^{(\tau)}$	$p_x^{(\tau)}$
70	0.02	0.16	0.08	0.26	0.74
71	0.04	0.15	0.1	0.29	0.71
72	0.045	0.145	0.1	0.29	0.71
73	0.05	0.13	0.12	0.30	0.70
74	0.07	0.13	0.13	0.33	0.67

예제 10

[표 1.3]에서 탈퇴 원인이 1은 심장마비, 2는 교통사고, 3은 암이라고 하자. 현재 나이가 71세인 사람이 교통사고의 원인으로 2년 안에 탈퇴할 확률을 계산하여라.

풀이

[문제 5]의 결과를 사용하여 문제를 풀 수 있다. 문제에서 제시된 사건은 두 가지 경우로 나눌 수 있다. (1) 1년 안에 교통사고의 원인으로 탈퇴하는 경우. (2) 1년 동안 살아남고 다음 1년(72세) 안에 교통사고의 원인으로 탈퇴하는 경우. (1)의 확률은 $q_{71}^{(2)} = 0.15$, (2)의 확률은 $p_{71}^{(\tau)} \cdot q_{72}^{(2)} = 0.71 \cdot 0.145 = 0.1030$이므로 구하고자 하는 확률은 $0.15 + 0.1030 = 0.2530$이다.

모든 연습문제에서 특별한 언급이 없다면 생존자수는 [표 1.1]을 따르고, $i = 0.06$으로 가정한다. *가 붙어있는 문제는 EXCEL을 이용하여 풀기를 권장한다. 관련 Excel 데이터 파일은 자유아카데미 홈페이지(www.freeaca.com)의 자료실에서 다운받을 수 있다.

1 특정 질병에 걸려있는 집단을 고려해 보자. 이 집단의 사망률은 질병에 걸려있는 동안 정상 집단과 사망률이 다르다. 이 집단의 사망률은 1년 차 동안에는 정상 사망률보다 30%가 높고, 2년 차 동안에는 8%가 높으며, 그 후의 사망률은 정상 사망률과 동일하다. 다음을 참조하여 정상 집단과 특정 질병에 걸린 집단의 정수기대여명의 차이를 구하여라.

1) 정상 사망률

t	0	1	2
q_{x+t}	0.10	0.15	0.20

2) $e_{x+3} = 10$

2* 1장의 [예제 3]에서 보인 관계식에 대해, $x = 50$, $m = 15$, $n = 10$일 때 성립하는지 확인하여라.

3* 다음 물음에 답하라.

1) $0 < x < 101$에 대하여 d_x, p_x, q_x 값을 가지는 열을 [표 1.1]에 추가하여라.

2) [예제 3]에서 보인 관계를 이용하면 n년 살아남을 확률을 1년 생존확률들의 곱으로 나타낼 수 있다.

$$ {}_np_x = p_x \cdot p_{x+1} \cdot p_{x+2} \cdot \cdots \cdot p_{x+n-1} = \prod_{k=0}^{n-1} p_{x+k} $$

위의 표현과 1)에서 만든 p_x열을 이용하여 ${}_{30}p_{50}$을 구하고 (정의 1.2)로부터 얻은 값과 같은 답을 도출하는지 확인하여라.

4* e_{30}, e_{45}, e_{60}의 값을 구하고 비교하여라.

5* 30세인 사람이 n년 이후에 살아있는 확률이 0.25407일 때, n을 결정하여라.

6* 현재 68세인 사람이 있다. 이 사람이 사망할 확률이 가장 높은 나이를 결정하여라.

■ [표 1.3]에서 탈퇴 원인이 1은 심장마비, 2는 교통사고, 3은 암이라고 하자.

7 [표 1.3]을 이용하여, 현재 70세인 사람이 4년 안에 암의 원인으로 탈퇴할 확률을 구하여라.

8 현재 71세인 사람의 생존분포가 [표 1.3]과 같다고 가정하자. 이 사람이 (탈퇴원인 1, 2, 3 어떤 이유에서든) 74세가 되기 전에 모집단을 떠났다고 주어졌을 때, 탈퇴원인 1(심장마비)이 탈퇴의 원인이었을 확률을 구하여라.

9 다음 식을 증명하여라.

$$\frac{e_x}{1+e_{x+1}} = p_x$$

10 다음을 계산하여라.

$$q_x + p_x q_{x+1} + {}_2p_x\, q_{x+2} + \cdots$$

11 모든 x에 대하여

$$p_x = \exp\left(-\frac{c}{2}(2x+1)\right)$$

을 만족하고, ${}_5p_{35} = 0.9$임이 알려져 있을 때, ${}_{30}p_{40}$을 계산하여라.

12 다음이 알려져 있을 때 $e_{30:\overline{20|}}$을 계산하여라.

$${}_kp_0 = 1 - \frac{k}{100}, \quad (0 \le k \le 100)$$

13 모든 x에 대하여 다음이 성립할 때 $Var(K_{10})$을 구하여라.

$$p_x = 0.1$$

Hint: 다음의 식을 이용할 수 있다.

$$Var(K_{10}) = E((K_{10})^2) - (E(K_{10}))^2$$

$$E((K_{10})^2) = \sum_{k=0}^{\infty} k^2 P(K_{10} = k)$$

14* 생존자수가 [표 1.1]을 따른다고 할 때, $Var(K_{10})$을 계산하여라.

SOA 연습문제

1 (SOA, 2001 Nov #2) For a select-and-ultimate mortality table with a 3-year select period:

(i)

x	$q_{[x]}$	$q_{[x]+1}$	$q_{[x]+2}$	q_{x+3}	$x+3$
60	0.09	0.11	0.13	0.15	63
61	0.10	0.12	0.14	0.16	64
62	0.11	0.13	0.15	0.17	65
63	0.12	0.14	0.16	0.18	66
64	0.13	0.15	0.17	0.19	67

(ii) Tom was a newly selected life on 01/01/2018.
(iii) Tom's age on 01/01/2018 is 61.
(iv) P is the probability on 01/01/2018 that Tom will be alive on 01/01/2023.

Calculate P.

2 (SOA 2003 Nov #28) For (x):

(i) K_x is the curtate future lifetime random variable.
(ii) $q_{x+k} = 0.1(k+1)$, $\quad k = 0, 1, 2, \cdots, 9$

Calculate $Var(K_x \wedge 3)$. $a \wedge b = \min(a,b)$

3 (SOA 2005 May #31) The graph of a piecewise linear survival function, ${}_tp_0$, consists of 3 line segments with endpoints (0, 1), (25, 0.50), (75, 0.40), (100, 0).

Calculate ${}_{20|55}q_{15} / {}_{55}q_{35}$.

4 (SOA 1986 Nov #8) You are given the following data from a double decrement table:

(i) $l_{63}=500$ (ii) $q_{63}^{(1)}=0.050$ (iii) $q_{63}^{(2)}=0.500$ (iv) ${}_{1|}q_{63}^{(1)}=0.070$

(v) ${}_{2|}q_{63}^{(1)}=0.042$ (vi) ${}_{2}q_{63}^{(2)}=0.600$ (vii) $l_{66}=0$

Calculate $d_{65}^{(2)}$.

5 (SOA 1988 Nov #9) For a double decrement table, you are given:

x	$q_x^{(1)}$	$q_x^{(2)}$	$q_x^{(\tau)}$	$l_x^{(\tau)}$	$d_x^{(1)}$	$d_x^{(2)}$
30	–	–	0.075	–	–	130
31	0.020	0.050	–	1850	–	–
32	–	–	–	–	54	–

Calculate ${}_{3}q_{30}^{(1)}$.

제 2 장

생명보험의 현재가치

제 2 장 생명보험의 현재가치

이 장에서는 보험가입자의 사망 시 보험금을 지급하는 생명보험의 현재가치 분포에 대해 알아보고, 현재가치의 평균을 살펴본다. 이를 위해 먼저 (금액의 지급이 생존 여부와 무관한 확정형) 이자론과 관련된 몇 가지 필수적인 개념들을 살펴본 후, 생존 여부에 의존하는 지급의 현재가치를 다룰 것이다. 생명보험과 생명연금의 현재가치를 각각 계산하고 이 장에서 정의된 여러 가지 개념들 사이에 존재하는 관계들, 그리고 더 일반적인 유형의 생존 여부에 따르는 지급에 대한 내용으로까지 확장시키고자 한다.

2.1 이자론 개념의 복습

보험 상품의 가치를 계산하기 위해서는 현재의 화폐가 미래의 화폐보다 더 큰 가치를 가진다는 '금전의 시간가치' 개념을 반영한 이자율을 이해해야 한다. 편의를 위해서 현재(시점 0) 한 단위의 화폐가 있다고 하자. 연간실이율(effective rate of interest per year)을 i라고 하면, 화폐의 시간가치를 고려했을 때 1년 후 $(1+i)$ 단위의 화폐가 현재 한 단위의 화폐와 동일한 가치를 가진다. n년 후로 확장시키면 $(1+i)^n$ 단위의 화폐가 현재 한 단위의 화폐와 동일한 가치를 가진다. 이를 화폐의 누적가치라고 부른다.

반대로 미래 화폐의 현재가치를 살펴보자. 1년 후 한 단위의 가치를 지니는 화폐는 현재 $(t=0)$ 시점에서 $1/(1+i)$ 단위의 화폐 가치를 지닌다. n년 후로 확장시키면 n년 후에 한 단위의 가치를 지니는 화폐는 현재 $1/(1+i)^n$ 단위의 화폐 가치를 지닌다. 보험통계 용어로 $1/(1+i)$를 할인계수(discorunt rate)라고 부르고 편의상 v라는 기호로 정의한다.

$$v := \frac{1}{1+i} \qquad \text{(정의 2.1)}$$

또한 이와 연관하여 다음의

$$d := 1 - v \qquad \text{(정의 2.2)}$$

를 정의한다.

현재가치와 누적가치를 계산하는 과정은 연속적인 지급인 연금으로 확장시킬 수 있다. 한 연금의 모든 지급이 확실히 지불된다면 이러한 지급 흐름은 확정연금이라 불린다. 특별히 이 절에서는 각 지급 금액이 일정하고 모든 지급이 규칙적으로 되는 확정연금을 고려하겠다. 편의상 일 년마다 한 단위씩 일어나는 n번의 지급을 가정한다.

[그림 2.1]과 같이 첫 번째 1의 지급이 첫해 말에 이루어지는 것을 시작으로 매해 말에 1이 지급되고 마지막 지급 1의 지급이 n시점에 일어나는 경우, 이 연금을 기말급 확정연금(annuity-immediate)으로 부르며 이 연금의 현재가치는 $a_{\overline{n|}}$으로 나타내고, 이는

$$\begin{aligned} a_{\overline{n|}} &:= v + v^2 + \cdots + v^n \qquad \text{(정의 2.3)} \\ &= \sum_{k=1}^{n} v^k \\ &= \frac{1 - v^n}{i} \end{aligned}$$

과 같이 계산된다. 또한 이에 상응하는 시점 $t = n$에서의 누적 가치는 새로운 기호 $s_{\overline{n|}}$을 사용하여 다음과 같이

$$\begin{aligned} s_{\overline{n|}} &:= a_{\overline{n|}} \cdot (1+i)^n \qquad \text{(정의 2.4)} \\ &= 1 + (1+i) + (1+i)^2 + \cdots + (1+i)^{n-1} \\ &= \sum_{k=0}^{n-1} (1+i)^k \\ &= \frac{(1+i)^n - 1}{i} \end{aligned}$$

계산할 수 있다.

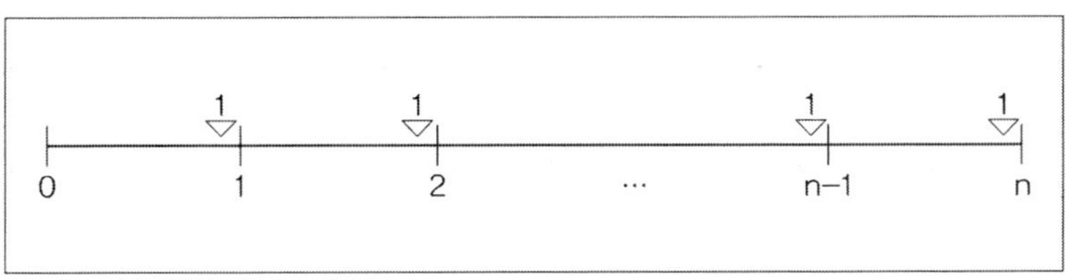

그림 2.1 기말급 확정연금 지급 흐름

[그림 2.2]와 같이 첫 번째 지급 1이 첫해 초에 이루어지는 것을 시작으로 매해 초에 1이 지급되고 마지막 지급 1이 마지막 해 초에 일어난다고 할 때, 이 연금을 기시급 확정연금(annuity-due)이라 부른다. 이에 해당하는 현재가치를 $\ddot{a}_{\overline{n|}}$으로 나타내고

$$\ddot{a}_{\overline{n|}} := 1 + v + v^2 + \cdots + v^{n-1} \qquad \text{(정의 2.5)}$$

$$= \sum_{k=0}^{n-1} v^k = \frac{1 - v^n}{d}$$

와 같이 계산할 수 있다. 또한 이에 상응하는 누적 가치(시점 $t = n$에서의 가치)는

$$\ddot{s}_{\overline{n|}} := \ddot{a}_{\overline{n|}} \cdot (1+i)^n \qquad \text{(정의 2.6)}$$

$$= (1+i) + (1+i)^2 + \cdots + (1+i)^n$$

$$= \sum_{k=1}^{n} (1+i)^k$$

$$= \frac{(1+i)^n - 1}{d}$$

와 같이 계산할 수 있다. 이로써 다음을

$$\ddot{a}_{\overline{n|}} = (1+i)a_{\overline{n|}} \quad \text{과} \quad \ddot{s}_{\overline{n|}} = (1+i)s_{\overline{n|}}$$

쉽게 확인할 수 있고 이는 [그림 2.1]과 [그림 2.2]를 비교하여 개념적으로도 이해가 가능해야 한다.

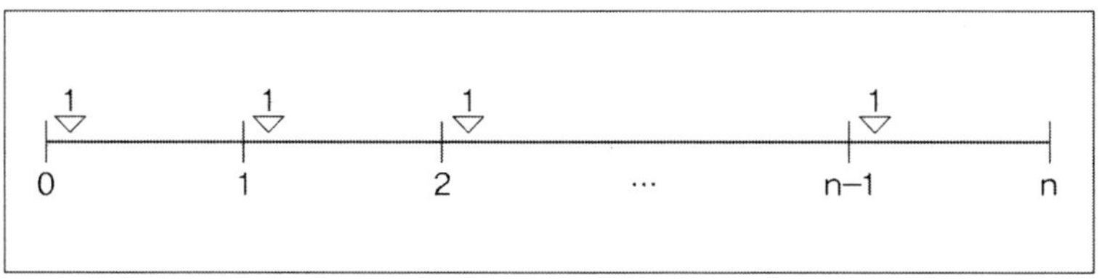

그림 2.2 기시급 확정연금 지급 흐름

EXCEL 예제 1

$c = \lfloor e_{55} \rfloor$로 정의하고, $\ddot{a}_{\overline{c|}}$를 계산하여라. 단 $\lfloor x \rfloor$는 x를 넘지 않는 최대 정수로 정의한다.

(풀이)

우선 EXCEL을 사용하여 다음을 계산한다.

$$e_{55} = E[K_{55}] = {}_1p_{55} + {}_2p_{55} + \cdots = \frac{l_{56} + l_{57} + l_{58} + \cdots}{l_{55}} = 15.45$$

따라서 $c = 15$이고, 따라서

$$\ddot{a}_{\overline{15|}} = \frac{1 - v^{15}}{d} = 10.295.$$

2.2 생존여부 의존성 지급액의 현재가치

이제 앞 절에서 다룬 것들과는 다르게 지불될 것이 보장되지 않은 지급들의 현재가치를 살펴보자. 이 절에서 배울 개념들은 특정 사람의 생존 여부, 즉 그 사람이 살아있는지 죽었는지에 따라 지급이 달라진다. 이러한 경우 사람의 생존 상태는 확률변수이고 따라서 생존 상태를 기반으로 한 보험금의 현재가치 또한 확률변수로 볼 수 있다. 여기서 우리의 초점은 이러한 확률변수의 기댓값에 있다. 특히, 보험금(보험지급액)의 현재가치에 대한 기댓값은 EPV(Expected Present Value)로 부르기로 한다.

예를 들어, 시점 t에 보험금 'Payment'가 지급되고, 지급확률을 P라고 할 때, 이 보험금의 현재가치를 Z로 나타내면

$$Z = \text{Payment} \cdot v^n \cdot I \text{ 여기서 } \mathrm{I} \sim \mathrm{Ber(P)}$$

와 같이 나타낼 수 있는데, 이 보험금의 EPV는

$$EPV = E[Z] = \text{Payment} \cdot \mathrm{P} \cdot v^t \qquad \text{(식 2.1)}$$

와 같이 계산된다. 다음의 예제들을 통해 여러 가지 형태의 보험금 지급 형태와 이와 관련된 EPV 계산을 학습해 본다. 이에 앞서 다음의 지시함수와 관련된 기호를 정의하자.

$$I_{[A]} = \begin{cases} 1, & \text{if } A \text{ is true.} \\ 0, & \text{if } A \text{ is False.} \end{cases}$$

예제 1

현재 나이가 40세인 사람이 65세에 살아있다면 65세가 되는 시점에서 300,000을 지급받을 것이다. 이 지급의 EPV를 계산하여라.4)

풀이

우선 보험지급액의 현재가치는

$$Z = 300,000\, v^{25} I_{[T_x \geq 25]}$$

와 같이 나타낼 수 있다. 여기서 $I_{[T_x \geq 25]}$는 다음과 같이 정의되고

$$I_{[T_x \geq 25]} = \begin{cases} 1, & T_x \geq 25; \\ 0, & T_x < 25; \end{cases}$$

이는 성공확률이 $P(T_x \geq 25)$인 이산변수(Berboulli random variable)와 같음을 알 수 있다.

(식 2.1)을 이용하여 다음을

$$\begin{aligned} EPV &= E[Z] \\ &= 300,000 \cdot {}_{25}p_{40} \cdot v^{25} \\ &= 300,000 \cdot 0.527736 \cdot \left(\frac{1}{1.06}\right)^{25} \\ &= 36,888.53 \end{aligned}$$

계산할 수 있다.

이 예제와 같이 한 사람이 미래의 특정 시점에 살아있으면 지불되는 보험은 생존보험(pure endowment)이라고 알려져 있다. (식 2.1)은 다수의 지급들이 있는 경우로 일반화될 수 있는데, 생존 여부에 따르는 k번의 지급이 있다고 가정하면

$$EPV = \sum_{t \in T} \mathrm{Payment}_t \cdot \mathrm{P}_t \cdot v^t \qquad \text{(식 2.2)}$$

와 같이 계산된다. 여기서 $\mathrm{Payment}_t$는 t 시점에서의 보험지급액을 의미하고 P_t는 이 보험지급액을 받을 확률을 의미한다. T는 지급받은 시점으로 다음과 같이 k번 지급받은 것을 가정하였다.

$$T = \{t_1, \cdots, t_k\}$$

4) 모든 문제에서 특별한 언급이 없다면 생존자수는 [표 1.1]을 따르고, $i = 0.06$으로 가정한다.

예제 2

나이가 40세인 사람이 각각 50세, 60세, 70세, 80세에 이르면 100,000, 200,000, 300,000 그리고 400,000만큼의 지급을 4번 받을 것이다. 이전 예제처럼 각 지급액은 오직 그 사람이 정해진 지급 시점에 살아있어야만 지불된다. 이 일련의 지급들의 EPV를 계산하여라. (i=0.06)

풀이

(식 2.2)를 이용하면 다음의 결과를 얻을 수 있다.

$$
\begin{aligned}
EPV &= \sum_{t \in T} \mathrm{Payment}_t \cdot {}_tp_x \cdot v^t \\
&= 100{,}000\,[\,{}_{10}p_{40} \cdot (1/1.06)^{10} + 2 \cdot {}_{20}p_{40} \cdot (1/1.06)^{20} + 3 \cdot {}_{30}p_{40} \cdot (1/1.06)^{30} \\
&\quad + 4 \cdot {}_{40}p_{40} \cdot (1/1.06)^{40}] \\
&= 113667.6
\end{aligned}
$$

2.3 종신형 생명보험(whole life insurance)

이제 앞 절에서 배운 지식을 바탕으로 생명보험에 대해서 다룰 것인데, 특히 생명보험의 EPV를 어떻게 찾는지에 집중하고자 한다. 생명보험은 피보험자의 사망에 따라 지정된 수혜자에게 정해진 지급액을 지급하는 계약이다. 특별한 언급이 없는 한 지금부터 생명보험의 지급액은 피보험자가 사망한 해의 말에 지급된다고 가정하자.

가장 간단한 개념은 종신형 생명보험이다. 이 보험의 지급액은 피보험자가 사망한 해의 말에 한 번 지급된다. 우리는 지급액의 현재가치에 관심이 있고, 이는 확률변수인 T_x(또는 K_x)의 함수로 지급액의 현재가치 또한 확률변수로 볼 수 있다. 즉, [그림 2.3]과 같은 종신형 생명보험의 지급액이 주어져 있을 때, 이의 현재가치를 Z 기호를 사용하여 나타내면

$$Z = 1 \cdot v^{K_x + 1} \qquad \text{(식 2.3)}$$

와 같다. (예를 들어, $T_x = 3.7$일 때 $K_x = 3$이므로 K_x를 사용하여 피보험자가 사망한 해의 말을 표시하면 $K_x + 1 = 4$가 된다.) (x)에게 발행된 이 지급 흐름의 EPV는 A_x로 표기하고 다음의

$$A_x = E[Z]$$

와 같이 나타낼 수 있다.

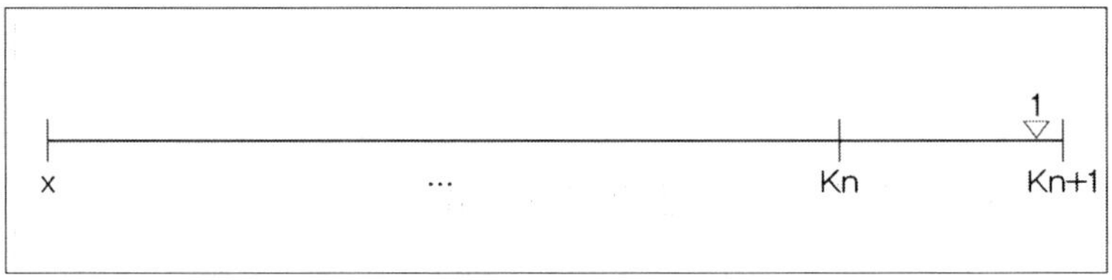

그림 2.3 종신보험

또한 이는 다음과 같이 계산될 수 있다.

$$\begin{aligned} A_x &= E\left[v^{K_x+1}\right] \qquad \text{(정의 2.7)} \\ &= \sum_{k=0}^{\infty} v^{k+1} \cdot P(K_x = k) \\ &= \sum_{k=0}^{\infty} v^{k+1} {}_{k|}q_x \end{aligned}$$

또한, 다음으로부터

$${}_{k|}q_x = {}_kp_x \, q_{x+k} \quad \text{와} \quad {}_tp_x = 0 \quad \text{for} \quad t \geq \omega - x$$

(정의 2.7)은

$$A_x = \sum_{k=0}^{\omega - x - 1} v^{k+1} {}_{k|}q_x$$

와 같이 나타낼 수 있다.[5]

---

5) (정의 2.7)과 같이 $k=0$에서 무한대항까지 더하는 것으로 정의하면 쉽게 쓰고 쉽게 이해할 수 있지만 한계 나이 w가 있으면 $k=0$에서 어디까지 더해야 하는지 $(k=w-x-1)$를 생각하는 것은 언제나 복잡하고 어려운 일이다.

예제 3

모든 정수 x에 대하여 $q_x = 0.1$일 때 A_x를 구하여라.

풀이

(정의 2.7)에 의하여

$$\begin{aligned} A_x &= \sum_{k=0}^{\infty} v^{k+1} {}_kp_x \cdot q_{x+k} \\ &= v^1 q_x + v^2 {}_1p_x \cdot q_{x+1} + v^3 {}_2p_x \cdot q_{x+2} + \cdots \\ &= v^1 0.1 + v^2 0.9 \cdot 0.1 + v^3 0.9^2 \cdot 0.1 + \cdots \\ &= \frac{v^1 0.1}{1 - v0.9} \\ &= 0.625 \end{aligned}$$

와 같이 계산할 수 있다.

EXCEL 예제 2

$x = 60$에 대해서 A_x를 구하여라.

풀이

Excel에서 ${}_{k\,|}q_x = \dfrac{l_{x+k} - l_{x+k+1}}{l_x}$를 $k = 0, 1, \cdots, 40$까지 계산해 놓은 후 다음 식을 이용해 계산한다.

$$\begin{aligned} A_x &= \sum_{k=0}^{\omega - x - 1} v^{k+1} {}_{k\,|}q_x \\ &= \sum_{k=0}^{101-60-1} v^{k+1} {}_{k\,|}q_{60} \\ &= 0.50 \end{aligned}$$

종신보험의 지급흐름 Z가 (식 2.3)과 같이 주어져 있을 때, Z의 분산은

$$\begin{aligned} Var(Z) &= E[Z^2] - (E[Z]) \\ &= {}^2A_x - (A_x)^2 \end{aligned} \qquad \text{(식 2.4)}$$

와 같이 계산할 수 있다. 이때 ${}^2A_x := E[Z^2]$으로 정의하자. 여기서

$$\begin{aligned} {}^2A_x &= E\left[(v^2)^{K_x+1}\right] \\ &= \sum_{k=0}^{\infty}(v^2)^{k+1}P(K_x=k) \\ &= \sum_{k=0}^{\infty}(v^2)^{k+1}\,{}_kp_x \cdot q_{x+k} \end{aligned}$$

로 나타낼 수 있고, 이는 마치 A_x에 계산 공식 (정의 2.7)에서 할인계수 v 대신 v^2을 할인계수로 쓴 것으로 이해할 수 있다. 즉, 기호 ${}^2A_x$에서 2는 v^2의 2를 표현한 것으로 이해할 수 있다.

예제 4

모든 정수 x에 대하여 $q_x = 0.1$일 때 $Z = 1 \cdot v^{K_x+1}$으로 주어진다. $Var(Z)$를 계산하여라.

풀이

(식 2.4)로부터

$$\begin{aligned} Var(Z) &= {}^2A_x - (A_x)^2 \\ &= \sum_{k=0}^{\infty}(v^2)^{k+1}\,{}_kp_x \cdot q_{x+k} - (A_x)^2 \\ &= v^2q_x + v^4p_x \cdot q_{x+1} + v^6\,{}_2p_x \cdot q_{x+2} + \cdots - (A_x)^2 \\ &= \frac{v^2 0.1}{1-v^2 0.9} - 0.625^2 \\ &= 0.0566 \end{aligned}$$

을 얻을 수 있다.

EXCEL 예제 3

$x=60$에 대해서 $Z=1\cdot v^{K_x+1}$를 정의하자. 이때 $Var(Z)={}^2A_x-(A_x)^2$를 계산하여라.

(풀이)

[Excel 예제 2]에서 Excel에서 $x=60$에 대해서

$$_{k\mid}q_x=\frac{l_{x+k}-l_{x+k+1}}{l_x}$$

를 $k=0,1,\cdots,40$ 까지 계산해 놓았고, $A_x=0.5$를 계산하여 놓았으므로 ${}^2A_x$만 계산하면 된다. ${}^2A_x$는 다음과 같이 계산되고

$$\begin{aligned}{}^2A_x&=\sum_{k=0}^{\omega-x-1}(v^2)^{k+1}\,_{k\mid}q_x\\&=\sum_{k=0}^{101-60-1}(v^2)^{k+1}\,_{k\mid}q_{60}\\&=0.296\end{aligned}$$

따라서 $Var(Z)={}^2A_x-(A_x)^2=0.0464$으로 계산된다.

2.4 정기보험(term insurance)

다음으로 보험계약기간이 n년으로 한정된 정기보험에 대해 살펴보자. 정기보험과 종신보험의 차이는 피보험자의 사망 시기에 따라 지급액이 달라진다는 것이다. 정기보험에서는 피보험자가 계약 기간 내에 사망할 경우에는 종신보험과 같이 사망연도 말에 보험금을 지급하며, 계약 기간이 끝나면 보험회사는 피보험자가 사망하여도 보험금을 지급하지 않는다. 이를 반영한 정기보험의 지급 흐름을 Z 기호를 사용하여 나타내면

$$\begin{aligned}Z&=\begin{cases}v^{K_x+1} & ,\ K_x+1\le n;\\ 0 & ,\ K_x+1>n;\end{cases}\\&=\begin{cases}v^{\lfloor T_x\rfloor+1} & ,\ T_x<n;\\ 0 & ,\ T_x\ge n;\end{cases}\end{aligned}\qquad (식\ 2.5)$$

와 같이 나타낼 수 있다. 또한 (식 2.5)는

$$Z = v^{K_x+1} I_{[K_x+1 \le n]}$$

와 같이 표현할 수 있다. 보험통계에서 (x)에게 발행된 정기보험의 현가는 $A^{1}_{x:\overline{n|}}$ 로 표기하고 그 값은 다음과 같이 계산할 수 있다.

$$\begin{aligned} A^{1}_{x:\overline{n|}} &:= E[Z] \qquad \text{(정의 2.8)} \\ &= \sum_{k=0}^{n-1} v^{k+1} \cdot P(K_x = k) + \sum_{k=n}^{\infty} 0 \cdot P(K_x = k) \\ &= \sum_{k=0}^{n-1} v^{k+1} {}_{k|}q_x \end{aligned}$$

같은 사람에게 발행된 정기보험의 현가는 종신보험의 현가에 비해 낮다. 이는 직관적으로 당연한데, 왜냐하면 종신보험은 피보험자의 사망 시기와 관계없이 보험금을 지급하는 반면 정기보험은 피보험자가 계약 기간 내에 사망해야만 보험금을 지급하기 때문이다. 다음 예제를 통해 정기보험과 종신보험의 현가를 비교해 보자.

예제 5

모든 정수 x에 대하여 $q_x = 0.1$일 때 $A^{1}_{x:\overline{10|}}$를 구하여라.

풀이

(정의 2.8)에 의하여

$$\begin{aligned} A^{1}_{x:\overline{10|}} &= \sum_{k=0}^{10-1} v^{k+1} {}_{k}p_x \cdot q_{x+k} \\ &= v^1 q_x + v^2 {}_{1}p_x \cdot q_{x+1} + v^3 {}_{2}p_x \cdot q_{x+2} + \cdots + v^{10} {}_{9}p_x \cdot q_{x+9} \\ &= v^1 0.1 + v^2 0.9 \cdot 0.1 + v^3 0.9^2 \cdot 0.1 + \cdots v^{10} 0.9^9 \cdot 0.1 \\ &= v^1 0.1 \frac{1-(v0.9)^{10}}{1-v0.9} \\ &= 0.5033 \end{aligned}$$

와 같이 계산할 수 있다. [예제 3]에서 계산된 $A_x = 0.625$보다 작은 것을 확인할 수 있다.

EXCEL 예제 4

A_{33}과 $A^{\ 1}_{33:\overline{37|}}$ 을 계산하여라.

풀이

각각 (정의 2.7)과 (정의 2.8)을 이용하여 풀이한다. 이때 1.1절에서 익혀둔 확률들 사이의 관계식을 이용하면 EXCEL을 다루기 편리하다.

$$\begin{aligned} A_{33} &:= \sum_{k=0}^{\infty} v^{k+1}{}_{k|}q_{33} \\ &= \sum_{k=0}^{\omega-33-1} v^{k+1}{}_{k|}q_{33} \\ &= q_{33}v^1 + p_{33}q_{34}v^2 + {}_2p_{33}q_{35}v^3 + \cdots + {}_{\omega-34}p_{33}q_{\omega-1}v^{\omega-33} \\ &= 0.2425 \end{aligned}$$

마지막 계산은 EXCEL을 이용하였다.

$$\begin{aligned} A^{\ 1}_{33:\overline{37|}} &:= \sum_{k=0}^{36} v^{k+1}{}_{k|}q_{33} \\ &= q_{33}v^1 + p_{33}q_{34}v^2 + {}_2p_{33}q_{35}v^3 + \cdots + {}_{36}p_{33}q_{69}v^{37} \\ &= 0.21599 \end{aligned}$$

마지막 계산은 EXCEL을 이용하였다.

정기보험의 지급흐름 Z가 (식 2.5)와 같이 주어져 있을 때, Z의 분산은 다음의

$$\begin{aligned} Var(Z) &= E\left[Z^2\right] - (E[Z])^2 \\ &= {}^2A^{\ 1}_{x:\overline{n|}} - \left(A^{\ 1}_{x:\overline{n|}}\right)^2 \end{aligned} \qquad \text{(식 2.6)}$$

와 같이 계산할 수 있다. 여기서 ${}^2A^{\ 1}_{x:\overline{n|}} := E[Z^2]$으로 주어진다. 이는 마치 $A^{\ 1}_{x:\overline{n|}}$의 계산 공식 (정의 2.8)에서 할인계수 v 대신 v^2을 할인계수로 쓴 것으로 이해할 수 있다. 즉, 기호 ${}^2A^{\ 1}_{x:\overline{n|}}$에서 2는 v^2의 2를 표현한 것으로 이해할 수 있다.

예제 6

모든 정수 x에 대하여 $q_x = 0.1$이고, $i = 0.06$일 때

$$Z = \begin{cases} v^{K_x+1} & , K_x + 1 \le 10 \\ 0 & , K_x + 1 > 10 \end{cases}$$

으로 주어진다고 하자. 이때, $E(Z)$와 $Var(Z)$를 계산하여라.

풀이

우선

$$\begin{aligned} E[Z] &= A^{\ 1}_{x:\overline{10|}} \\ &= \sum_{k=0}^{9} v^{k+1}{}_{k|}q_x \\ &= vq_x + v^2p_xq_{x+1} + v^3p_xp_{x+1}q_{x+2} + \cdots + v^{10}p_xp_{x+1}\cdots p_{x+8}q_{x+9} \\ &= 0.5033 \end{aligned}$$

을 얻을 수 있고, (식 2.6)으로부터

$$\begin{aligned} Var(Z) &= {}^2A^{\ 1}_{x:\overline{10|}} - \left(A^{\ 1}_{x:\overline{10|}}\right)^2 \\ &= \sum_{k=0}^{10-1} (v^2)^{k+1}{}_kp_x \cdot q_{x+k} - \left(A^{\ 1}_{x:\overline{10|}}\right)^2 \\ &= v^2q_x + v^4p_x \cdot q_{x+1} + v^6{}_2p_x \cdot q_{x+2} + \cdots + v^{20}{}_{10-1}p_x \cdot q_{x+10-1} - (A^{\ 1}_{x:\overline{10|}})^2 \\ &= v^2 0.1 \frac{1-(v^2 0.9)^{10}}{1-v^2 0.9} - 0.5033^2 \\ &= 0.1453 \end{aligned}$$

을 얻을 수 있다.

2.5 생존보험

정해진 계약 기간 n년까지 피보험자가 사망하지 않고 살아있다면 계약 시점으로부터 계약 기간인 n년이 지난 후에 보험금을 지급하는 생존보험(pure endowment)에 대해 알아보자. 생존보험의 지급 흐름은 다음과 같다.

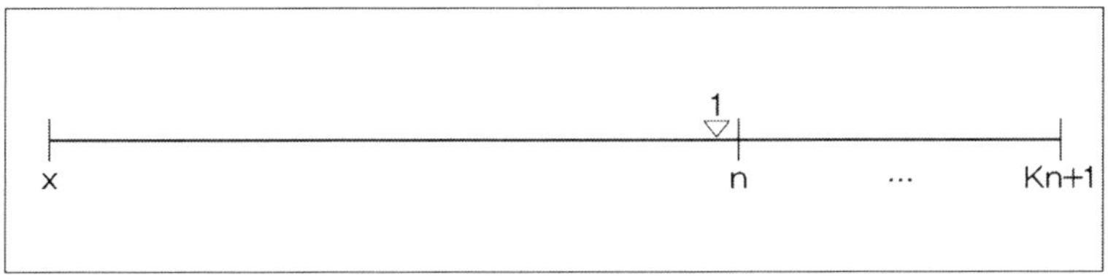

그림 2.4 생존보험

생존보험은 피보험자가 앞으로 n년 이상 생존해야 보험금을 지급하는 계약이므로 이를 지시함수를 사용하여 나타내면

$$Z = 1 \cdot v^n I[T_x \geq n] \qquad \text{(식 2.7)}$$

와 같고, (x)에게 발행된 생존보험의 현가는 $A_{x:\overset{1}{\overline{n|}}}$로 표기한다. 생존보험의 현가 $A_{x:\overset{1}{\overline{n|}}}$는 다음과 같이 정의된다.

$$A_{x:\overset{1}{\overline{n|}}} := E[Z] \qquad \text{(정의 2.9)}$$

이는 다음과 같이 계산될 수 있다.

$$A_{x:\overset{1}{\overline{n|}}} = v^n \, {}_np_x$$

또한 생존보험의 지급흐름 Z가 (정의 2.9)와 같이 주어져 있을 때, Z의 분산은 다음과 같이 계산할 수 있고

$$\begin{aligned} Var(Z) &= E[Z^2] - (E[Z])^2 \qquad \text{(식 2.8)} \\ &= {}^2A_{x:\overset{1}{\overline{n|}}} - \left(A_{x:\overset{1}{\overline{n|}}}\right)^2 \end{aligned}$$

여기서 ${}^2A_{x:\overset{1}{\overline{n|}}} := E[Z^2]$으로 주어진다.

예제 7

모든 정수 x에 대하여 $q_x = 0.1$이고, $i = 0.06$일 때

$$Z = 1 \cdot v^n I[\,T_x \geq n]$$

으로 주어진다고 하자. 이때, $E(Z)$와 $Var(Z)$를 계산하여라.

풀이

우선

$$\begin{aligned} E[Z] &= A_{x:\overset{\,1}{\overline{10|}}} \\ &= v^{10}\ {}_{10}p_x \\ &= 0.1947 \end{aligned}$$

과

$$\begin{aligned} E[Z^2] &= E\left[\left(v^{10} I_{[T_x \geq 10]}\right)^2\right] \\ &= v^{20}\ {}_{10}p_x \\ &= 0.1087 \end{aligned}$$

을 얻을 수 있다. 마지막으로

$$Var(Z) = E[Z^2] - (E[Z])^2 = 0.0708$$

을 얻을 수 있다.

2.6 생사혼합보험

마지막으로 살펴볼 보험은 생사혼합보험(양로보험, endowment)이다. 정기보험은 피보험자가 계약 기간 n년 안에 사망 시 보험금을 지급하고 생존보험은 피보험자가 계약 기간 n년 동안 사망하지 않고 만기 시점까지 살아있을 경우 보험금을 지급하는데, 생사혼합보험은 이 두 가지 상품을 합쳐놓은 것과 같다. 다시 말해, 생사혼합보험 상품의 경우

피보험자가 계약 기간 내에 사망한다면 사망한 해 말에 보험금을 지급하고 계약 기간 동안 사망하지 않고 만기 시점까지 생존한 경우에도 보험금을 지급한다. 단, 이 두 가지 보험금을 동시에 받을 수는 없다(어떤 사람이 계약 기간 n년 안에 사망한 동시에 계약 기간 n년 후에 살아 있을 수는 없다).

이러한 지급 흐름을 Z 기호를 사용하여 나타내면

$$Z = \begin{cases} v^{K_x+1} & , K_x + 1 \leq n \\ v^n & , K_x + 1 > n \end{cases} \qquad \text{(식 2.9)}$$

$$= \begin{cases} v^{\lfloor T_x \rfloor + 1} & , T_x < n \\ v^n & , T_x \geq n \end{cases}$$

와 같다. 위의 식은

$$Z = v^{\min(K_x+1,\, n)} \qquad \text{(식 2.10)}$$

과 같이 간단히 표현할 수도 있다. 보험통계에서 (x)에게 발행된 생사혼합보험의 현가는 $A_{x:\overline{n}|}$와 같이 표기한다.

한편, 생사혼합보험이 다음과 같이 정기보험과 생존보험을 합친 상품이라는 것을

$$Z = Z_1 + Z_2, \qquad \text{where} \quad Z_1 = v^{K_x+1} I_{[K_x \leq n-1]} \quad \text{and} \quad Z_2 = v^n I_{[T_x \geq n]}$$

정의를 통해 쉽게 알 수 있고, 또한

$$A^{\,1}_{x:\overline{n}|} = E[Z_1] \;\; \text{그리고} \;\; A_{x:\overset{\,1}{\overline{n}|}} = E[Z_2]$$

을 이용하면 생사혼합보험의 EPV를

$$A_{x:\overline{n}|} = A^{\,1}_{x:\overline{n}|} + A_{x:\overset{\,1}{\overline{n}|}} \qquad \text{(식 2.11)}$$

와 같이 구할 수 있다.

예제 8

모든 정수 x에 대하여 $q_x = 0.1$이고, $i = 0.06$일 때

$$Z = \begin{cases} v^{K_x+1} & , K_x + 1 \leq 10 \\ v^{10} & , K_x + 1 > 10 \end{cases}$$

으로 주어진다고 하자. 이때, $E[Z]$를 계산하여라.

(풀이)

지급 흐름 Z의 흐름은 n이 10년인 생사혼합보험의 지급 흐름과 같으므로 (식 2.11)을 사용하여

$$
\begin{aligned}
E[Z] &= A_{x:\overline{10|}} \\
&= A^{1}_{x:\overline{10|}} + A_{x:\overset{\;\,1}{\overline{10|}}} \\
&= vq_x + v^2 p_x q_{x+1} + \cdots + v^{10} p_x p_{x+1} \cdots\ p_{x+8} q_{x+9} + v^{10}\,{}_{10}p_x \\
&= v0.1 \frac{1-(v0.9)^{10}}{1-v0.9} + v^{10} 0.9^{10} \\
&= 0.6980
\end{aligned}
$$

와 같이 계산할 수 있다.

생사혼합보험의 지급흐름 Z가 (식 2.9)와 같이 주어져 있을 때, Z의 분산은

$$
\begin{aligned}
Var(Z) &= E\left[Z^2\right] - (E[Z])^2 \\
&= {}^2A_{x:\overline{n|}} - \left(A_{x:\overline{n|}}\right)^2
\end{aligned}
\qquad \text{(식 2.12)}
$$

와 같이 계산할 수 있으며 여기서 ${}^2A_{x:\overline{n|}} := E\left[Z^2\right]$으로 주어진다. 이는 $A_{x:\overline{n|}}$의 계산 공식 (정의 2.8)에서 할인계수 v 대신 v^2을 할인계수로 쓴 것으로 이해할 수 있다. 즉, 기호 ${}^2A_{x:\overline{n|}}$에서 2는 v^2의 2를 표현한 것으로 이해할 수 있다.

예제 9

([예제 8]의 계속) $Var(Z)$를 계산하여라.

(풀이)

(식 2.12)와 [예제 8]의 결과로부터

$$Var(Z) = {}^2A_{x:\overline{10|}} - (A_{x:\overline{10|}})^2$$

$$= \sum_{k=0}^{9} (v^2)^{k+1} {}_kp_x \cdot q_{x+k} + (v^2)^{10} {}_{10}p_x - (A_{x:\overline{10|}})^2$$

$$= v^2 q_x + v^4 p_x \cdot q_{x+1} + v^6 {}_2p_x \cdot q_{x+2} + \cdots + v^{20} {}_{10-1}p_x \cdot q_{x+10-1} +$$

$$v^{20} {}_{10}p_x - (A_{x:\overline{10|}})^2$$

$$= v^2 0.1 \frac{1-(v^2 0.9)^{10}}{1-v^2 0.9} + v^{20} 0.9^{10} - (A_{x:\overline{10|}})^2$$

$$= 0.020$$

을 얻을 수 있다.

2.7 기타 생명보험

이 절에서는 다양한 형태의 생명보험 문제를 풀어본다.

예제 10

현재 x세인 사람이 다음 조건을 갖는 3년 만기 정기보험에 가입하였다. 이 정기보험의 가격을 구하여라. (단, $i = 0.06$)

(1) $q_{x+k} = 0.02(k+1)$, $k = 0,1,2$

(2) 지급 흐름:

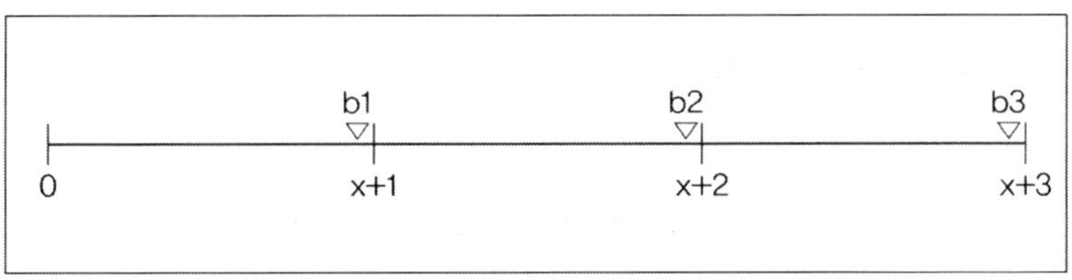

k	b_{k+1}
0	300
1	350
2	400

풀이

주어진 조건의 지급 흐름을 식으로 나타내면

$$Z = 300v \cdot I[0 \le T_x < 1] + 350v^2 \cdot I[1 \le T_x < 2] + 400v^3 \cdot I[2 \le T_x < 3]$$

와 같고 이 보험상품의 가격은 Z의 기댓값이다. 따라서 이 보험상품의 가격은 다음과 같이 계산할 수 있다.

$$\begin{aligned} E[Z] &= 300v \cdot {}_{0|}q_x + 350v^2 \cdot {}_{1|}q_x + 400v^3 \cdot {}_{2|}q_x \\ &= 300v\, q_x + 350v^2 p_x q_{x+1} + 400v^3 p_x p_{x+1} q_{x+2} \\ &= 300v(0.02) + 350v^2(0.98 \cdot 0.04) + 400v^3(0.98 \cdot 0.96 \cdot 0.06) \\ &= 36.8290 \end{aligned}$$

예제 11

현재 70세인 사람이 1년에서 3년 사이에 사망하면 사망한 해 말에 2,000의 보험금을 지급하는 보험에 가입했다고 가정하자. 다음의 두 가지 조건

(1) 생명표

x	q_x	q_{x+1}	q_{x+2}
70	0.05	0.07	0.10

(2) $i = 0.04$

을 이용하여 다음 물음에 답하여라.

1) 지시함수를 사용하여 이 보험의 현재가치를 나타내고
2) 이 보험의 EPV를 구하여라.

풀이

우선 지급 흐름의 현재가치는

$$Z = 2000 \cdot v^2 \cdot I[1 \le T_x < 2] + 2000 \cdot v^3 \cdot I[2 \le T_x < 3]$$

와 같이 나타낼 수 있고, 이를 이용하여 이 보험의 EPV를 다음의

$$\begin{aligned} E[Z] &= 2000 \cdot v^2 \cdot {}_{1|}q_x + 2000 \cdot v^3 \cdot {}_{2|}q_x \\ &= 2000 \cdot v^2 \cdot p_x q_{x+1} + 2000 \cdot v^3 \cdot p_x p_{x+1} q_{x+2} \\ &= 2000 \times \left(\frac{1}{1.04}\right)^2 \times 0.95 \times 0.07 + 2000 \times \left(\frac{1}{1.04}\right)^3 \times 0.95 \times 0.93 \times 0.10 \\ &= 280.0516 \end{aligned}$$

와 같이 계산할 수 있다.

예제 12

[예제 11]와 같은 생명표가 주어지고, 아래 그림과 같은 지급 흐름의 현재가치가 다음과 같이 주어질 때

$$Z = 1000 \cdot v^1 \cdot I[0 \le T_x < 1] + 2000 \cdot v^2 \cdot I[1 \le T_x < 2]$$

현재가치 Z의 분산을 구하여라. $(i = 0.04)$

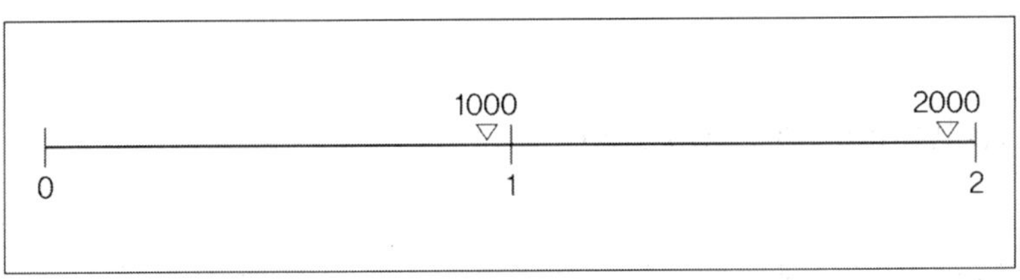

풀이

우선 Z^2을 다음과 같이 표현할 수 있다.

$$\begin{aligned} Z^2 &= \left(1000 \cdot v^1 \cdot I[0 \le T_x < 1] + 2000 \cdot v^2 \cdot I[1 \le T_x < 2]\right)^2 \\ &= 1000^2 \cdot v^2 \cdot I[0 \le T_x < 1] + 2000^2 \cdot v^4 \cdot I[1 \le T_x < 2]. \end{aligned}$$

위의 식에서 두 번째 등호를 구하기 위해 지시함수의 다음 성질인

$$(I[1 \le T_x < 2])^2 = I[1 \le T_x < 2]$$

과

$$I[0 \le T_x < 1] \cdot I[1 \le T_x < 2] = 0$$

을 사용하였음에 유의하자.

이제 Z의 분산을 구하기 위해 $E[Z]$와 $E[Z^2]$을

$$\begin{aligned} E[Z] &= 1000 \cdot v^1 \cdot q_x + 2000 \cdot v^2 \cdot (1-q_x) \cdot q_{x+1} \\ &= 171.0 \end{aligned}$$

그리고

$$\begin{aligned} E[Z^2] &= 1000^2 \cdot v^2 \cdot q_x + 2000^2 \cdot v^4 \cdot (1-q_x) \cdot q_{x+1} \\ &= 273605.7 \end{aligned}$$

와 같이 계산한다. 따라서

$$\begin{aligned} Var[Z] &= E[Z^2] - (E[Z])^2 \\ &= 273605.7 - 171.0^2 \\ &= 244350.1 \end{aligned}$$

을 얻을 수 있다.

2.8 재귀식(recursion formula)

이 절에서는 여러 가지 생명보험에 관련된 재귀식을 공부하기로 한다. 우선 종신 생명보험에 대해 생각해 보자. 직관적으로 (x)가 종신 생명보험에 가입하는 것은 다음의 전략과 같다.

- 우선 (x)는 1년짜리 정기보험에 가입한다.
- 만약 (x)가 1년 살아남을 경우 $x+1$세가 되는데, 이때 종신 생명보험에 가입하면 된다.

위의 전략을 사용하면 (x)가 가입한 종신 생명보험의 EPV, A_x는 (x)의 1년짜리 정기보험의 EPV $A^{\ 1}_{x:\overline{1|}}$과 1년 뒤 (x)가 생존하였을 때 $x+1$세에 가입한 종신 생명보험의 EPV, vp_xA_{x+1}의 합과 같다. 즉, $A_x = A^{\ 1}_{x:\overline{1|}} + vp_xA_{x+1}$이다. $A^{\ 1}_{x:\overline{1|}} = vq_x$이므로 $A_x = vq_x + vp_xA_{x+1}$라고 쓸 수도 있다. 다음에서는 이를 수학적으로 증명하기로 한다. [예제 13]의 공식과 증명 과정 모두 중요하므로 반복하여 연습하길 바란다. [예제 13]을 풀기 전에 1장의 [예제 3]에서 배운 $\frac{{}_kp_x}{p_x} = {}_{k-1}p_{x+1}$을 기억하면 도움이 될 것이다.

예제 13

임의의 보험가입자 (x)에 대해서 다음을

$$A_x = vq_x + vp_xA_{x+1} \qquad \text{(식 2.13)}$$

증명하여라.[6)]

풀이

위를 보이기 위해 A_x의 정의에서

$$\begin{aligned} A_x &= \sum_{k=0}^{\infty} v^{k+1}{}_{k|}q_x \\ &= q_xv^1 + \sum_{k=1}^{\infty} v^{k+1}{}_{k|}q_x \\ &= q_xv + \sum_{k=1}^{\infty} v^{k+1} \cdot {}_kp_x \cdot q_{x+k} \end{aligned}$$

을 얻을 수 있다. 이제 위의 식의 마지막 줄 두 번째 항에서 vp_x를 합의 기호 앞으로 꺼내고 $t=k-1$로 치환하면,

6) 1장의 [문제 4]에서 $e_x = p_x + p_xe_{x+1}$임을 보인 것과 비교하면 이해가 더 잘될 것이다.

$$A_x = q_x v + v p_x \sum_{k=1}^{\infty} v^k \cdot \frac{{}_k p_x \cdot q_{x+k}}{p_x}$$

$$= q_x v + v p_x \sum_{k=1}^{\infty} v^k \cdot {}_{k-1}p_{x+1} \cdot q_{x+k}$$

$$= q_x v + v p_x \sum_{t=0}^{\infty} v^{t+1} \cdot {}_t p_{x+1} \cdot q_{x+1+t}$$

$$= q_x v + v p_x \sum_{t=0}^{\infty} v^{t+1} {}_{t|}q_{x+1}$$

$$= q_x v + v p_x A_{x+1}$$

와 같은 식을 얻을 수 있다.

위의 [예제 13]을 확장하면

$$A_x = A^{1}_{x:\overline{n|}} + v^n {}_n p_x A_{x+n} \qquad \text{(식 2.14)}$$

도 쉽게 이해할 수 있다. 직관적으로는 종신보험을 n년 정기보험과 n년 동안 살아남은 사람들에게 주어지는 종신보험 A_{x+n}의 EPV로 나눈다고 생각할 수 있다. 아래 식들의 증명은 연습문제로 대신한다.

문제 1 임의의 보험가입자 (x)에 대해서

$$A_x = A^{1}_{x:\overline{n|}} + v^n \cdot {}_n p_x \cdot A_{x+n} \qquad \text{(식 2.15)}$$

임을 보여라.

문제 2 임의의 보험가입자 (x)이 주어졌을 때, $n > m$에 대하여

$$A_{x:\overline{n|}} = A^{1}_{x:\overline{m|}} + v^m {}_m p_x A_{x+m:\overline{n-m|}}$$

와

$$A^{1}_{x:\overline{n|}} = A^{1}_{x:\overline{m|}} + v^m {}_m p_x A^{1}_{x+m:\overline{n-m|}}$$

임을 보여라. 또한

$$A_{x:\overline{n|}}^{\;1} = v^m \, {}_mp_x \, A_{x+m:\overline{n-m|}}^{\;1}$$

도 보여라. 여기서 1장 [예제 3]에서 배운 $\dfrac{{}_np_x}{{}_mp_x} = {}_{n-m}p_{x+m}$을 기억하면 도움이 된다.

이제 [예제 13]과 [문제 1], [문제 2]에서 배운 재귀식들을 바탕으로 다음의 문제를 풀 수 있다.

예제 14

다음이 알려져 있을 때 A_{75}를 구하여라.

(1) $A_{77} = 0.4394$

(2) $q_{76} = 0.0346$

(3) $q_{75} = 0.0318$

(4) $i = 0.06$

풀이

(식 2.15)를 적용하면

$$A_{75} = A_{75:\overline{2|}}^{\;1} + v^2 \, {}_2p_{75} A_{77}$$

을 얻을 수 있고, 이를 이용하여 다음을 계산할 수 있다.

$$\begin{aligned} A_{75} &= vq_{75} + v^2 p_{75} q_{76} + v^2 p_{75} p_{76} A_{77} \\ &= \frac{1}{1.06} \times 0.03182 + \left(\frac{1}{1.06}\right)^2 \times (1-0.03182) \times 0.03455 + \\ &\quad \left(\frac{1}{1.06}\right)^2 \times (1-0.03182) \times (1-0.03455) \times 0.43944 \\ &= 0.4253 \end{aligned}$$

[예제 13]의 식은 EXCEL을 사용한 실무에서도 활용될 수 있는데, 아래 예제는 [예제 13]의 (식 2.13)이 실무에서 활용되는 예를 보인 것이다.

EXCEL 예제 5

A_{100}, A_{99}, A_{98}, $\cdots$, A_0를 차례로 계산한 후 $A_0 + A_1 + \cdots + A_{100}$의 값을 구하여라.

풀이

우선 생명표로부터 p_x와 q_x 칼럼을 각각 작성한다. 다음으로 한계나이는 $\omega = 101$이므로 $q_{100} = 1$이고, 이를 이용하여 $A_{100} = q_{100}v = v$임을 알 수 있다. 이제 (식 2.13)으로부터 A_{99}를

$$A_{99} = q_{99}v + p_{99}v A_{100}$$

와 같이 계산할 수 있다. 이제, 방금 구한 A_{99}의 값을 이용하여 A_{98}을

$$A_{98} = q_{98}v + p_{98}v A_{99}$$

와 같이 계산할 수 있고, 이를 반복하여 A_{97}, $\cdots$, A_0을 차례로 계산할 수 있다. 자세한 계산과정은 EXCEL을 이용한다.

답: 45.07

EXCEL 예제 6

${}^2A_{100}$, ${}^2A_{99}$, ${}^2A_{98}$, $\cdots$, ${}^2A_0$를 차례로 계산한 후 ${}^2A_0 + {}^2A_1 + \cdots + {}^2A_{100}$의 값을 구하여라.

풀이

[Excel 예제 5]의 풀이와 같으나 present value factor를 v 대신 v^2으로 사용하여 계산한다. 즉, 우선 한계나이는 $\omega = 101$에 대해서 ${}^2A_{100} = q_x v^2 = v^2$임을 알 수 있다. 또한,

$${}^2A_{99} = q_{99}v^2 + p_{99}v^2 A_{100}$$

을 계산할 수 있고, 이를 반복하여 ${}^2A_{98}$, $\cdots$, ${}^2A_0$을 차례로 계산할 수 있다. 자세한 계산과정은 EXCEL을 이용한다.

답: 30.85

EXCEL 예제 7

$Z = 1 \cdot v^{K_{50}+1}$라고 정의했을 때, [Excel 예제 5]와 [Excel 예제 6]를 이용하여, $Var(Z)$를 계산하여라.

풀이

[Excel [예제 4]]와 [Excel 예제 5]에서 얻은 ${}^2A_{50}$과 A_{50}의 값과 다음의 식

$$\begin{aligned} Var(Z) &= E[Z^2] - (E[Z])^2 \\ &= {}^2A_{50} - (A_{50})^2 \end{aligned}$$

을 이용하면 $Var(Z)$을 계산할 수 있다.

답: 0.0505

예제 15

다음은 1장에서 주어진 선택기간이 $d=3$인 선택표이다.

표 1.3 선택기간이 $d=3$년인 선택표

x	$q_{[x]}$	$q_{[x]+1}$	$q_{[x]+2}$	q_{x+3}	$x+3$
60	0.09	0.11	0.13	0.15	63
61	0.10	0.12	0.14	0.16	64
62	0.11	0.13	0.15	0.17	65
63	0.12	0.14	0.16	0.18	66
64	0.13	0.15	0.17	0.19	67

이자율 $i=0.06$ 이 주어져 있을 때, 위의 선택표를 이용하여 다음 물음에 답하여라.

1) $A^{\ 1}_{[61]+1:\overline{3}|}$을 계산하여라.

2) $A_{67}=0.7$을 이용하여 $A_{[64]+1}$을 계산하여라.

(풀이)

우선 첫 번째 물음은 아래와 같이 구할 수 있다.

$$A^{1}_{[61]+1:\overline{3|}} = q_{[61]+1}v + p_{[61]+1}\,q_{[61]+2}\,v^2 + p_{[61]+1}\,p_{[61]+2}\,q_{[61]+3}\,v^3$$
$$= q_{[61]+1}v + p_{[61]+1}\,q_{[61]+2}\,v^2 + p_{[61]+1}\,p_{[61]+2}\,q_{64}\,v^3$$
$$= 0.12v + 0.88 \cdot 0.14v^2 + 0.88 \cdot 0.86 \cdot 0.16\,v^3$$
$$= 0.3245$$

여기서 두 번째 등호는 선택기간이 $d=3$으로 주어지므로 $q_{[61]+3} = q_{64}$을 이용하였다. 다음으로 두 번째 물음은 (식 2.14)를 사용하여 다음과 같이

$$A_{[64]+1} = A^{1}_{[64]+1:\overline{2|}} + {}_2p_{[64]+1}\,v^2 A_{[64]+3}$$
$$= q_{[64]+1}v + p_{[64]+1}\,q_{[64]+2}v^2 + p_{[64]+1}\,p_{[64]+2}v^2\,A_{67}$$
$$= 0.15v + 0.85 \cdot 0.17v^2 + 0.85 \cdot 0.83v^2 0.7$$
$$= 0.7096$$

계산된다.

마지막으로 지급이 연기되는 생명보험과 관련하여 현재가치를 나타내는 기호 ${}_{m|}A_x$를 정의하자. 보험가입자 (x)가 m년 후 사망에 대하여 사망이 일어난 해 말에 보험금 1을 지급하는 생명보험의 현재가치를 ${}_{m|}A_x$로 나타내고 수학적으로는 다음과 같이 정의하자.

$${}_{m|}A_x = \sum_{k=m}^{\infty} v^{k+1}\,{}_{k|}q_x$$

또한 위 정의는 기존 생명보험기호를 이용하여 다음과 같이 나타낼 수 있다.

$${}_{m|}A_x = A_x - A^{1}_{x:\overline{m|}} \qquad \text{(식 2.16)}$$

(문제 3) 임의의 보험가입자 (x)에 대해서

$${}_{m|}A_x = v^m\,{}_mp_x\,A_{x+m} \qquad \text{(식 2.17)}$$

임을 보여라. (Hint: (식 2.15)와 (식 2.16)을 사용하여 쉽게 보일 수 있다.)

예제 16

다음이 알려져 있을 때 $_{25|}A_x$를 구하여라.

(1) $q_x = 0.1$

(2) $i = 0.06$

풀이

(식 2.17)을 적용하여 다음과 같이 계산할 수 있다.

$$
\begin{aligned}
{}_{25|}A_x &= {}_{25}p_x\, v^{25} A_x \\
&= 0.01045
\end{aligned}
$$

연습문제

모든 연습문제에서 특별한 언급이 없다면 생존자수는 [표 1.1]을 따르고, $i = 0.06$으로 가정한다. *가 붙어있는 문제는 EXCEL을 이용하여 풀기를 권장한다.

1 $i = 0.06$이라고 알려져 있을 때, 다음 생명표를 이용하여 답을 구하여라.

표 2.1 From US 1989–1991 Female Lives Mortality Table

x	100	101	102	103	104	105	106	107	108	109	110	111
l_x	2251	1584	1086	725	469	293	177	103	57	30	15	0

1) $x = 100$에 대하여 e_x의 값을 구하여라.

2) $x = 100$에 대하여 $A^{\ 1}_{x:\overline{5|}}$를 계산하여라.

2 임의의 나이 x와 n에 대해서

$$A_x = A^{\ 1}_{x:\overline{n|}} + v^n \cdot {}_np_x \cdot A_{x+n}$$

임을 보여라.

3 임의의 나이 x이 주어졌을 때, $n > m$에 대하여

$$A_{x:\overline{n|}} = A^{\ 1}_{x:\overline{m|}} + v^m\, {}_mp_x\, A_{x+m:\overline{n-m|}}$$

임을 보여라.

4 NASA에서 일하는 안재동의 각 나이 t에 대해서 1년 생존율이 p_t로 주어졌다고 하자. 안재동의 현재 나이는 x세이고 $x+n$세에 1년 동안 화성 여행을 간다고 한다. 화성 여행을 하는 동안 1년 생존율은 $p^*_{x+n} = p_{x+n} - c$으로 알려져 있다. 현재 나이는 x세인 안재동의 종신생명보험의 현재가치가 다음의

$$A_x - cv^{n+1}{}_np_x(1 - A_{x+n+1})$$

와 같이 주어짐을 보여라.

5 이자율이 $i = 0.06$과 다음의 정보가 주어져 있다.

(1) 생명표

x	50	51	52	53	54	55
l_x	2500	2400	2200	1900	1500	1000

(2) $p_x = 0.1$ for $x = 55, 56, \cdots$

위의 정보를 이용하여 A_{50}을 계산하여라.

6 이자율이 $i = 0.06$과 다음의 정보가 주어져 있다.

(1) ${}_tp_0 = 1 - \dfrac{t}{100}$ for $t = 0, 1, 2, \cdots, 100$.

(2) $x = 20$

피보험자 (x)에 대하여 피보험자의 사망 말년에 보험금 1을 지급하는 보험의 보험금 현가를 Z라고 할 때, Z를 K_x를 사용하여 표현하고, Z의 평균과 분산을 구하여라.

7 다음의 정보를 이용하여 $A_{x:\overline{10|}}$ 을 계산하여라.

(1) $A_x = 0.5$

(2) $A_{x+10} = 0.6$

(3) $A^{\,1}_{x:\overline{10|}} = 0.4$

8* 52세인 사람이 종신생명보험에 가입하였다. 처음 10년간 사망 시에는 사망한 해 말에 지급되는 보험금이 100이고, 처음 10년이 지난 후 사망 시에는 보험금이 200 지급된다고 한다. 이 보험의 가격을 계산하여라.

9* 현재 40세인 사람이 죽은 해 말에 사망보험금을 지급하고 만기가 10년인 정기보험에 가입하였다. 이 보험의 현가가 500일 때, 사망보험금의 값을 구하여라.

10* [표 1.1]에서는 한계 나이가 $\omega = 101$로 주어져 있고,

$$A_{\omega-1} = v$$

로 계산된다. (식 2.13)의 재귀식

$$A_x = vq_x + vp_x A_{x+1}$$

과 EXCEL을 이용하여 $A_1 + A_2 + \cdots + A_{10}$을 계산하여라.

11* 기본 조건에서 A_{50}을 계산하여라. 즉, 생존자수는 [표 1.1]을 따르고, $i = 0.06$으로 가정하여 계산하여라. 그리고 이자율을 $i = 0.08$, $i = 0.1$로 변화시키면서 A_{50}을 구하고 세 값을 비교하여라.

1 (SOA 2001 May #17) For a special 3-year term insurance on (x), you are given:

(i) Z is the present-value random variable for the death benefits.

(ii) $q_{x+k}=0.02(k+1)$, $k=0,1,2$

(iii) The following death benefits, payable at the end of the year of death:

k	b_{k+1}
0	300,000
1	350,000
2	400,000

(iv) $i=0.06$

Calculate $E[Z]$.

2 (SOA 2005 May #25) In Exercise 1 (above problem), calculate $Var(Z)$.

3 (SOA 2004 Nov #2) For a group of individuals all age x, you are given:

(i) 25% are smokers (smoker); 75% are nonsmokers (nonsmoker).

(ii)

k	q_{x+k}^{smoker}	$q_{x+k}^{nonsmoker}$
0	0.10	0.05
1	0.20	0.10
2	0.30	0.15

(iii) $i=0.02$

Calculate $10,000\,A_{x:\overline{2}|}^{1}$ for an individual chosen at random from this group.

제 3 장

생명연금의 현재가치

제 3 장 생명연금의 현재가치

여기서는 생명연금(즉, 일부나 전체 지급들이 생존 여부에 따르는 연금)의 현재가치를 생각해 보자. 이러한 연금 지급의 생명 의존적 특성은 2.1장에서 복습한 확정연금과 구분된다. 즉, 확률변수인 (x)의 사망시점에 따라 생명연금의 지급이 이루어지고, 따라서 생명연금의 현재가치는 확률변수로 주어진다.

3.1 종신연금(whole life annuity)

첫 번째로 다룰 생명연금은 종신연금인데 이는 수급자가 살아있는 동안 계속해서 일정한 주기로 연금이 지급된다. 지급은 일 년마다 한 단위씩 지불된다고 가정한다. 기시급 종신연금(whole life annuity-due)에서는 첫 번째 지급이 시점 0에서 즉시 일어난다. 이 연금의 지급 흐름은 Z 기호와 지시함수를 사용하여

$$Z = 1 \cdot I[T_x \geq 0] + 1 \cdot v^1 \cdot I[T_x \geq 1] + 1 \cdot v^2 \cdot I[T_x \geq 2] + \cdots \qquad \text{(식 3.1.A)}$$

와 같이 나타낼 수 있다. 또한, 지시함수는 1 또는 0의 값을 가지는데, 다음의 관계식을 이용하여

$$I[T_x \geq j] = I[K_x \geq j]$$

(식 3.1.A)는

$$\begin{aligned} Z &= 1 \cdot I[K_x \geq 0] + 1 \cdot v^1 \cdot I[K_x \geq 1] + 1 \cdot v^2 \cdot I[K_x \geq 2] + \cdots \\ &= 1 + 1 \cdot v^1 + \cdots + 1 \cdot v^{K_x} \end{aligned}$$

와 같이 나타낼 수 있다. 또한 이를

$$Z = \frac{1 - v^{K_x + 1}}{d} \qquad \text{(식 3.1.B)}$$

와 같이 간단히 나타낼 수 있으며 이는 다시

$$Z = \ddot{a}_{\overline{K_x+1|}} \qquad \text{(식 3.1.C)}$$

과 같음을 쉽게 알 수 있다. (x)에게 발행된 이 연금의 EPV는 보험통계 기호를 사용하여 $\ddot{a}_x$로 표기되고

$$\ddot{a}_x := E[Z] \qquad \text{(정의 3.1)}$$

로 정의되며 (식 3.1.B)를 사용하여 다음과 같이

$$\ddot{a}_x = \sum_{k=0}^{\infty} \frac{1-v^{k+1}}{d} {}_{k|}q_x \qquad \text{(식 3.2)}$$

나타낼 수 있다. 또한, 이는 다음과 같이 간단한 식으로 나타낼 수도 있다.

$$\ddot{a}_x = \sum_{k=0}^{\infty} v^k {}_kp_x \qquad \text{(식 3.3)}$$

이는 (식 3.1.A)를 사용함으로써

$$\begin{aligned}
\ddot{a}_x &= E[Z] \\
&= E\big[1I[T_x \geq 0] + vI[T_x \geq 1] + v^2I[T_x \geq 2] + \cdots\big] \\
&= 1 + vp_x + v^2 {}_2p_x + \cdots \\
&= \sum_{k=0}^{\infty} v^k {}_kp_x
\end{aligned}$$

와 같이 보일 수 있다. 또한, (식 3.1.B)를 이용하여 기시급 종신연금을 다음과 같이

$$\begin{aligned}
\ddot{a}_x &:= E[Z] \qquad \text{(식 3.4)} \\
&= E\left[\frac{1-v^{K_x+1}}{d}\right] = \frac{1-A_x}{d}
\end{aligned}$$

계산할 수도 있다. 이때,

$$A_x = \sum_{k=0}^{\infty} v^{k+1} {}_{k|}q_x$$

으로 얻어질 수 있음을 기억하자. 여기서 만약 생존모형에 한계 나이, w를 가정하면

$$ {}_tp_x = \frac{l_{x+t}}{l_x} $$

에서

$$ {}_tp_x = 0 \quad \text{for} \qquad t + x \geq \omega $$

을 얻을 수 있고, (식 3.3)은

$$ \ddot{a}_x = \sum_{k=0}^{\infty} v^k {}_kp_x = \sum_{k=0}^{w-x-1} v^k {}_kp_x \qquad \text{(식 3.5)} $$

와 같이 계산될 수 있다. 위의 식들은 앞으로 많이 쓰일 뿐 아니라 비슷한 논리에 의해 전개되는 식들이 많으므로, 식들에 익숙해지는 것은 물론 유도과정에도 익숙해지길 바란다.

예제 1

모든 정수 x에 대하여 $q_x = 0.1$이고, $i = 0.06$일 때 $\ddot{a}_x$를 구하여라.

풀이

(식 3.3)에 의하여 다음과 같이

$$ \begin{aligned} \ddot{a}_x &= \sum_{k=0}^{\infty} v^k {}_kp_x \\ &= v^0 + v^1 p_x + v^2 {}_2p_x + v^3 {}_3p_x + \cdots \\ &= v^0 + v^1 p_x + v^2 p_x p_{x+1} + v^3 p_x p_{x+1} p_{x+2} + \cdots \\ &= v^0 + v^1 0.9^1 + v^2 0.9^2 + v^3 0.9^3 + \cdots \\ &= \frac{1}{1 - v0.9} \\ &= 6.625 \end{aligned} $$

계산할 수 있다.

예제 2

[표 1.1]을 이용하여, $\ddot{a}_x$ 에서 $x=98$인 경우를 계산하여라. (단, $i=0.06$)

풀이

(정의 3.1)이나 (식 3.3)을 이용하여

$$\begin{aligned}\ddot{a}_{98} &= \sum_{k=0}^{\infty} v^k {}_k p_{98} \\ &= 1 + v\,{}_1p_{98} + v^2\,{}_2p_{98} + v^3\,{}_3p_{98} + \cdots \\ &= 1 + v\,p_{98} + v^2\,p_{98}p_{99} + v^3\,p_{98}p_{99}p_{100} + \cdots \\ &= 1 + \left(\frac{1}{1.06}\right)0.5677 + \left(\frac{1}{1.06}\right)^2 0.5677 \cdot 0.5430 + 0 \\ &= 1.8099\end{aligned}$$

와 같이 계산된다.

(식 3.2)를 이용하여 (식 3.3)을 보일 수 있는데 이는 독자들에게 맡기기로 한다.

Hint: (식 3.2)로부터 $\ddot{a}_x = \dfrac{1}{d}\sum_{k=0}^{\infty} {}_{k\,|}q_x - \dfrac{1}{d}\sum_{k=0}^{\infty} v^{k+1}\,{}_{k\,|}q_x$를 얻을 수 있다.

기시급 종신연금(whole life annuity−due)에서는 지급 흐름 Z가 (식 3.1.A)와 같이 주어지고 이의 분산은

$$\begin{aligned}Var(Z) &= Var\left(\frac{1-v^{K_x+1}}{d}\right) \qquad \text{(식 3.6)} \\ &= \frac{1}{d^2}Var\left(v^{K_x+1}\right) \\ &= \frac{1}{d^2}\left({}^2A_x - (A_x)^2\right)\end{aligned}$$

와 같이 주어진다. 여기서 ${}^2A_x := E[Z^2] = E\left[(v^2)^{K_x+1}\right]$으로 주어짐을 기억하자.

예제 3

모든 정수 x에 대하여 $q_x = 0.1$이고, $i = 0.06$일 때 Z를 (식 3.1.B)와 같이 주어진 기시급 종신연금의 현가라고 하자. 이때 $Var(Z)$를 계산하여라.

풀이

(식 3.6)으로부터

$$
\begin{aligned}
Var(Z) &= \frac{1}{d^2}\left({}^2A_x - (A_x)^2\right) \\
&= \frac{1}{d^2}\left(\frac{v^2 0.1}{1-v^2 0.9} - 0.625^2\right) \\
&= 17.6662
\end{aligned}
$$

을 얻을 수 있다.

기말급 종신연금(whole life annuity–immediate)에서는 첫 번째 지급이 발행 후 1년이 되는 시점 1에서 일어난다. 이 연금의 지급 흐름을 Z 기호와 지시함수를 사용하여 나타내면

$$Z = 1 \cdot v^1 \cdot I[T_x \geq 1] + 1 \cdot v^2 \cdot I[T_x \geq 2] + \cdots \tag{식 3.7}$$

와 같이 나타낼 수 있고 이는 $a_{\overline{K_x}|}$과 같다. (x)에게 발행된 이 연금의 EPV는 보험통계 용어에서 a_x로 표기되고

$$
\begin{aligned}
a_x &:= E[Z] \\
&= 1 \cdot v^1 \cdot p_x + 1 \cdot v^2 \cdot {}_2p_x + \cdots \\
&= \sum_{k=1}^{\infty} v^k \, {}_kp_x
\end{aligned} \tag{정의 3.2}
$$

로 정의된다. 따라서 기시급 종신연금과 기말급 종신연금은 유사한데, 그 차이점은 발행된 즉시 연금 지급 여부이다. 이는

$$a_x = \ddot{a}_x - 1 \tag{식 3.8}$$

로 나타낼 수 있다. 또한 (식 3.7)에서 정의된 현가 Z는 다음과 같이

$$Z=\begin{cases}1\cdot v^1+\cdots+1\cdot v^{K_x}, & K_x \geq 1;\\ 0, & K_x=0.\end{cases}$$

나타낼 수도 있다. 이는

$$Z=\frac{1-v^{K_x}}{i}$$

와 같이 나타낼 수 있다. 여기서 만약 생존모형에 한계나이, w를 가정하면

$$_tp_x=\frac{l_{x+t}}{l_x}$$

에서

$$_tp_x=0 \quad \text{for} \quad t+x \geq \omega$$

을 얻을 수 있고, a_x는 다음의

$$a_x=\sum_{k=1}^{\infty} v^k\,{}_kp_x=\sum_{k=1}^{w-x-1} v^k\,{}_kp_x$$

와 같이 계산될 수 있다.

EXCEL 예제 1

$\ddot{a}_{60}$과 a_{60}을 각각 계산하고 (식 3.8)이 참인지 검증하여라.

풀이

정의에 따라

$$\begin{aligned}\ddot{a}_{60}&=\sum_{k=0}^{\infty} v^k\,{}_kp_{60}\\ &=\sum_{k=0}^{\infty} v^k\frac{l_{60+k}}{l_{60}}\\ &=\frac{1}{l_{60}}\sum_{k=0}^{\infty} v^k l_{60+k}\end{aligned}$$

와

$$
\begin{aligned}
a_{60} &= \sum_{k=1}^{\infty} v^k \, {}_k p_{60} \\
&= \sum_{k=1}^{\infty} v^k \frac{l_{60+k}}{l_{60}} \\
&= \frac{1}{l_{60}} \sum_{k=1}^{\infty} v^k l_{60+k}
\end{aligned}
$$

을 얻을 수 있다. 이후 계산은 EXCEL을 이용한다.

답: $\ddot{a}_{60} = 8.832592$ 그리고 $a_{60} = 7.832592$

EXCEL 예제 2

현재 60세인 사람에게 발행된 기말급 종신연금이 있다고 가정하자. 첫 번째 지급액은 1,000, 두 번째 지급액은 1,050, 세 번째 지급액은 1,100, 그리고 연이은 지급액들은 해마다 50씩 증가한다. 이 연금의 EPV를 계산하여라.

풀이

(식 2.2)를 이용하여

$$
\begin{aligned}
EPV &= \sum_{t \in T} (\text{Payment}_t) \cdot (\text{Prob}_t) \cdot v^t \\
&= (1{,}000) \cdot {}_1p_{60} \cdot v^1 + (1{,}050) \cdot {}_2p_{60} \cdot v^2 + (1{,}100) \cdot {}_3p_{60} \cdot v^3 + \cdots
\end{aligned}
$$

을 얻을 수 있다. 이후 계산은 EXCEL을 이용한다.

답: $EPV = 10257.03$

3.2 정기연금

다음으로 정기연금(term-life annuity)이 있는데, 이는 수급자가 살아있는 동안 지급되는 연금의 성격을 가지지만 수급자가 죽을 때까지 지급되는 종신연금과 달리 일정 기간을 설정해 놓고 최대 설정한 기간까지만 지급된다. 즉 n년 정기연금은 수급자가 죽을 때까지 지급하되 n년보다 오래 살 경우 n년까지만 지급하는 구조를 갖는다. 우선 n년 기시급 정기연금(term-life annuity-due)의 지급 흐름을 Z 기호와 지시함수를 사용하여 다음과 같이

$$Z = 1 \cdot I[T_x \geq 0] + 1 \cdot v^1 \cdot I[T_x \geq 1] + \cdots + 1 \cdot v^{n-1} \cdot I[T_x \geq n-1] \quad \text{(식 3.8.A)}$$

$$= 1 \cdot I[K_x \geq 0] + 1 \cdot v^1 \cdot I[K_x \geq 1] + \cdots + 1 \cdot v^{n-1} \cdot I[K_x \geq n-1]$$

나타낼 수 있다. 여기서 지급가능한 금액 1은 시점 $t = 0, 1, \cdots, n-1$에 총 n개가 분포해 있음을 생각하면 위의 식을 더욱 직관적으로 이해할 수 있다. 이 식은

$$Z = 1 + 1 \cdot v + \cdots + 1 \cdot v^{\min(K_x,\ n-1)} \quad \text{(식 3.8.B)}$$

와 같이 나타낼 수도 있으므로, 이는 등비수열의 합의 공식을 이용하여 다음과 같이 나타낼 수 있다.

$$Z = \frac{1-Y}{d}, \qquad \text{여기서} \quad Y = v^{\min(K_x+1,\, n)} \quad \text{(식 3.9)}$$

이때, (x)에게 발행된 이 연금의 EPV는 보험통계 용어에서 $\ddot{a}_{x:\overline{n|}}$로 표기되고,

$$\begin{aligned} \ddot{a}_{x:\overline{n|}} &= E[Z] \\ &= 1 \cdot {}_0p_x + \cdots + 1 \cdot v^{n-1} \cdot {}_{n-1}p_x \\ &= \sum_{k=0}^{n-1} v^k\, {}_kp_x \end{aligned} \quad \text{(정의 3.3)}$$

과 같이 정의된다. (식 3.9)를 사용하면

$$E(Z) = \ddot{a}_{x:\overline{n|}} = \frac{1 - A_{x:\overline{n|}}}{d} \ \text{과} \ Var(Z) = \frac{1}{d^2} Var(Y) = \frac{1}{d^2}\left({}^2A_{x:\overline{n|}} - \left(A_{x:\overline{n|}}\right)^2\right) \quad \text{(식 3.10)}$$

과 같이 계산할 수 있다. 여기서 ${}^2A_{x:\overline{n|}} := E[Y^2]$로 정의된다.

다음으로 n년 기말급 정기연금(term-life annuity-immediate)의 지급 흐름을 Z 기호와 지시함수를 사용하여 나타내면

$$Z = 1 \cdot v^1 \cdot I[T_x \geq 1] + \cdots + 1 \cdot v^n \cdot I[T_x \geq n] \quad \text{(식 3.11)}$$

와 같이 나타낼 수 있다. 여기서 지급가능한 금액 1은 시점 $t = 1, \cdots, n$에 총 n개가 분포해 있음을 생각하면 위의 식을 더욱 직관적으로 이해할 수 있다. 위 식에서 $K_x = 0$일 때를

주의 깊게 관찰하면 다음과 같이 표현할 수 있음을 알 수 있다.

$$Z=\begin{cases}1 \cdot v+ \cdots+1 \cdot v^{\min(K_x, n)}, & K_x \geq 1; \\ 0, & K_x =0.\end{cases}$$

또한 이 식은 다시

$$Z=\begin{cases}\dfrac{1-v^{\min(K_x,n)}}{i}, & K_x \geq 1; \\ 0 & K_x =0;\end{cases}$$

와 같이 나타낼 수 있다. 위 식에서 $K_x =0$일 때를 주의 깊게 관찰하면 최종적으로 다음과 같이 쓸 수 있게 된다.

$$\begin{aligned}Z&= \frac{1-v^{\min(K_x,n)}}{i} \\ &= \frac{1-(1+i)v^{\min(K_x+1,n+1)}}{i}\end{aligned}$$

또한, (식 3.11)을 이용하면 (x)에게 발행된 이 연금의 EPV를 (새로운 보험기호 $a_{x:\overline{n}|}$로 표현) 다음과 같이 나타낼 수 있다.

$$\begin{aligned}a_{x:\overline{n}|} &= E[Z] \\ &=1 \cdot {}_1p_x+\cdots+1 \cdot v^n \cdot {}_np_x \\ &= \sum_{k=1}^{n} v^k {}_kp_x\end{aligned} \qquad \text{(정의 3.4)}$$

종신연금에서 $\ddot{a}_x = a_x +1$와 같은 관계를 가지는 것처럼 (정의 3.2)와 (정의 3.4)를 비교하면 기시급 정기연금과 기말급 정기연금의 관계도 다음과 같은 식으로 나타낼 수 있다.

$$\ddot{a}_{x:\overline{n}|}-1 = a_{x:\overline{n}|}-v^n {}_np_x \qquad \text{(식 3.12)}$$

문제 1 Z가 (식 3.11)처럼 주어졌을 때 다음을 보여라.

1) $E[Z] = a_{x:\overline{n}|} = \dfrac{1-(1+i)A_{x:\overline{n+1}|}}{i}$

Hint: 다음을 이용하면 된다.

$$Z = 1 \cdot v^1 \cdot I[T_x \geq 1] + \cdots + 1 \cdot v^n \cdot I[T_x \geq n]$$

$$= 1 \cdot v^1 \cdot I[K_x \geq 1] + \cdots + 1 \cdot v^n \cdot I[K_x \geq n]$$

$$= v^1 + \cdots v^{\min\{K_x, n\}}$$

$$= \frac{1 - v^{\min\{K_x, n\}}}{1 - v} v$$

2) $Var(Z) = \left(\frac{1+i}{i}\right)^2 \left[{}^2A_{x:\overline{n+1|}} - (A_{x:\overline{n+1|}})^2\right]$

Hint: 위의 힌트를 이용하면 다음을 얻을 수 있고

$$Z = \frac{1 - \frac{1}{v} v^{\min\{K_x+1, n+1\}}}{1 - v} v$$

이를 이용하면 쉽게 증명을 얻어 낼 수 있다.

예제 4

다음 표를 참고하여 $\ddot{a}_{75:\overline{3|}}$을 구하여라. (단, $i = 0.05$)

x	q_x
75	0.01
76	0.02
77	0.04

풀이

(정의 3.4)를 이용하여

$$\ddot{a}_{75:\overline{3|}} = {}_0p_{75} + v^1 \, {}_1p_{75} + v^2 \, {}_2p_{75}$$

$$= 1 + v(1 - q_{75}) + v^2 p_{75} \, p_{76}$$

$$= 1 + v(1 - q_{75}) + v^2 (1 - q_{75})(1 - q_{76})$$

$$= 2.8229$$

를 계산할 수 있다.

예제 5

10년 만기 기시급 정기연금의 지급 흐름 Z가 다음과 같이 주어져 있을 때,

$$Z = 1 \cdot I[T_x \geq 0] + 1 \cdot v^1 \cdot I[T_x \geq 1] + \cdots + 1 \cdot v^{10-1} \cdot I[T_x \geq 10-1].$$

다음의 정보를 이용하여 $E(Z)$와 $Var(Z)$를 계산하여라.

(1) $i = 0.06$

(2) 모든 x에 대하여 $q_x = 0.1$가 성립한다.

풀이

우선 (식 3.9)를 이용하여 $Z = \dfrac{1 - v^{\min\{K_x+1,\,10\}}}{d}$와 같이 나타낼 수 있고, (식 3.10)을 사용하여 $E[Z] = \dfrac{1 - A_{x:\overline{10|}}}{d}$을 얻을 수 있고, 이는 다음을 이용하여 계산될 수 있다.

$$\begin{aligned} A_{x:\overline{10|}} &= A^{1}_{x:\overline{10|}} + A_{x:\overset{1}{\overline{10|}}} \\ &= \left(vq_x + v^2 p_x q_{x+1} + \cdots + v^{10}\,{}_9p_x q_{x+9}\right) + v^{10}\,{}_{10}p_x \\ &= v0.1\frac{1-(v0.9)^{10}}{1-v0.9} + v^{10}(0.9)^{10} \\ &= 0.6980 \end{aligned}$$

따라서 $E[Z] = 5.335$을 얻을 수 있다.

이제 (식 3.6)에 의하여

$$Var(Z) = \frac{1}{d^2}\left({}^2A_{x:\overline{n|}} - \left(A_{x:\overline{n|}}\right)^2\right)$$

과 같이 계산할 수 있으므로 이제 ${}^2A_{x:\overline{n|}}$만 계산하면 된다.

$$\begin{aligned} {}^2A_{x:\overline{10|}} &= {}^2A^{1}_{x:\overline{10|}} + {}^2A_{x:\overset{1}{\overline{10|}}} \\ &= \left(v^2 q_x + (v^2)^2 p_x q_{x+1} + \cdots + (v^2)^{10}\,{}_9p_x q_{x+9}\right) + (v^2)^{10}\,{}_{10}p_x \\ &= v^2 0.1\frac{1-(v^2 0.9)^{10}}{1-v^2 0.9} + (v^2)^{10}(0.9)^{10} \\ &= 0.5073 \end{aligned}$$

을 얻고 난 후, 이를 (식 3.10)에 대입하면 $Var(Z) = 6.2743$로 계산된다.

3.3 보증기간부 생명연금

마지막으로 살펴볼 개념은 연금 지급이 개시된 후 처음 몇 년은 생존여부와 별개로 확정연금을 지급하고 그 이후에는 생존여부에 따른 생명연금을 지급하는 보증기간부 생명연금(certain-and-life annuities)이다(이때 처음 몇 년은 보험가입자가 사망했더라도 연금이 지급된다). 특히 이 절에서는 연금을 연초에 지급하는 보증기간부 생명연금(certain-and-life annuitie-due)에 대해서 알아본다. 이 연금의 지급 흐름은

$$Z=\begin{cases}\ddot{a}_{\overline{n|}}, & T_x < n;\\ \ddot{a}_{\overline{K_x+1|}}, & T_x \geq n;\end{cases}$$

과 같이 나타낼 수 있고 이는

$$\begin{aligned}Z&=\ddot{a}_{\overline{\max(n,K_x+1)|}}\\ &=\frac{1-v^{\max(n,K_x+1)}}{d}\end{aligned}$$

와 같이 간단히 나타낼 수도 있다. 또한 이를 지시함수를 사용하여 나타내면

$$\begin{aligned}Z&=\left[1+v+v^2+\cdots+v^{n-1}\right]+v^n I[T_x \geq n]+v^{n+1}I[T_x \geq n+1]+\cdots\\ &=\left[1+v+v^2+\cdots+v^{n-1}\right]+v^n I[K_x \geq n]+v^{n+1}I[K_x \geq n+1]+\cdots\end{aligned}$$

(식 3.13)

와 같이 나타낼 수 있다. 이제 (x)에게 발행된 이 연금의 EPV는 $\ddot{a}_{\overline{\overline{x:n|}}}$로 나타내고,

$$\ddot{a}_{\overline{\overline{x:n|}}} := E[Z]$$ (정의 3.5)

와 같이 정의한다. 또한 이는 (식 3.13)을 사용하여 다음과 같이

$$\begin{aligned}\ddot{a}_{\overline{\overline{x:n|}}}&=\left[1+v+v^2+\cdots+v^{n-1}\right]+v^n{}_np_x+v^{n+1}{}_{n+1}p_x+\cdots\\ &=\frac{1-v^n}{d}+\sum_{k=n}^{\infty}v^k{}_kp_x\end{aligned}$$

표현할 수 있다.

(문제 2) 다음을 보여라.

$$\ddot{a}_{x:\overline{\overline{n|}}} = \ddot{a}_{\overline{n|}} + v^n {}_np_x \ddot{a}_{x+n}$$

Hint: $\ddot{a}_{\overline{x:\overline{n|}}} = \dfrac{1-v^n}{d} + v^n {}_np_x \sum_{k=n}^{\infty} v^k \dfrac{{}_kp_x}{{}_np_x}$을 이용할 수 있다. 증명이 어려우면 3.4 재귀식 단원을 학습한 후 다시 돌아와도 된다.

3.4 재귀식(recursion formula)

2장과 비슷하게 생명연금 관련하여서도 재귀식들이 존재한다. 몇 가지 재귀식을 다음과 같이 정리하였다.

재귀식 1: 다음 식을 만족한다.

$$\ddot{a}_x = 1 + v \cdot p_x \cdot \ddot{a}_{x+1} \tag{식 3.14}$$

증명

직관적으로는 기시급 종신연금을 현재 시점에 누구나 받는 돈 1과 일 년 동안 살아남은 사람들에게 주어지는 돈 $\ddot{a}_{x+1}$의 EPV로 나눈다고 생각할 수 있다. 수학적 증명은 기시급 종신연금의 정의를 이용하여

$$\begin{aligned}
\ddot{a}_x &= \sum_{k=0}^{\infty} v^k {}_kp_x \\
&= 1 + \sum_{k=1}^{\infty} v^k {}_kp_x \\
&= 1 + vp_x \sum_{k=1}^{\infty} \frac{{}_kp_x}{p_x} \cdot v^{k-1} \\
&= 1 + vp_x \sum_{k=1}^{\infty} {}_{k-1}p_{x+1} \cdot v^{k-1} \\
&= 1 + vp_x \sum_{t=0}^{\infty} {}_tp_{x+1} v^t \\
&= 1 + vp_x \ddot{a}_{x+1}
\end{aligned}$$

와 같이 보일 수 있다.

참고로 확정연금의 경우, 위와 비슷한 증명 과정을 거쳐 아래 식과 같은 결과를 얻을 수 있다.

$$\ddot{a}_{\overline{n|}} = 1 + v\ddot{a}_{\overline{n-1|}} \qquad \text{그리고} \qquad \ddot{a}_{\overline{\infty|}} = 1 + v\ddot{a}_{\overline{\infty|}} \qquad (\text{식 } 3.15)$$

재귀식 2: 양의 정수 n에 대하여 다음을 만족한다.

$$\begin{cases} \ddot{a}_x = \ddot{a}_{x:\overline{n|}} + v^n \cdot {}_np_x \cdot \ddot{a}_{x+n} \\ a_x = a_{x:\overline{n|}} + v^n \cdot {}_np_x \cdot a_{x+n} \end{cases} \qquad (\text{식 } 3.16)$$

증명

i 의 결과와 마찬가지로 직관적으로는 기시급 종신연금을 n년 기시급 정기연금과 n년 동안 살아남은 사람들에게 주어지는 돈 $\ddot{a}_{x+n}$의 EPV로 나눈다고 생각할 수 있다. 수학적 증명은 아래와 같이 기시급 종신연금의 정의를 이용하여

$$\begin{aligned} \ddot{a}_x &= \sum_{k=0}^{\infty} v^k {}_kp_x \\ &= \sum_{k=0}^{n-1} v^k {}_kp_x + \sum_{k=n}^{\infty} v^k {}_kp_x \\ &= \ddot{a}_{x:\overline{n|}} + v^n \cdot {}_np_x \cdot \sum_{k=n}^{\infty} \frac{{}_kp_x}{{}_np_x} \cdot v^{k-n} \\ &= \ddot{a}_{x:\overline{n|}} + v^n \cdot {}_np_x \cdot \sum_{k=n}^{\infty} {}_{k-n}p_{x+n} \cdot v^{k-n} \\ &= \ddot{a}_{x:\overline{n|}} + v^n \cdot {}_np_x \cdot \sum_{t=0}^{\infty} {}_tp_{x+n} v^t \\ &= 1 + v^n \cdot {}_np_x \cdot \ddot{a}_{x+n} \end{aligned}$$

임을 보일 수 있다.

참고로 확정연금인 경우, 위와 비슷한 증명 과정을 사용하여 다음과 같은 결과를 얻을 수 있다.

$$\ddot{a}_{\overline{\infty|}} = \ddot{a}_{\overline{n|}} + v^n \cdot \ddot{a}_{\overline{\infty|}}$$

아래 역시 많이 쓰이는 재귀식들을 모아놓았다. 증명 방식과 해석이 위와 비슷하므로, 이 정리의 직관적 해석과 증명은 연습문제로 넘긴다.

재귀식 3: 양의 정수 n에 대하여 다음을 만족한다.

$$\begin{cases} \ddot{a}_{x:\overline{n|}} = 1 + v \cdot p_x \cdot \ddot{a}_{x+1:\overline{n-1|}} \\ a_{x:\overline{n|}} = 1 + v \cdot p_x \cdot a_{x+1:\overline{n-1|}} \end{cases} \qquad \text{(식 3.17)}$$

재귀식 4: $n > m$을 만족하는 양의 정수 n과 m에 대하여 다음을 만족한다.

$$\begin{cases} \ddot{a}_{x:\overline{n|}} = \ddot{a}_{x:\overline{m|}} + v^m \cdot {}_mp_x \cdot \ddot{a}_{x+m:\overline{n-m|}} \\ a_{x:\overline{n|}} = a_{x:\overline{m|}} + v^m \cdot {}_mp_x \cdot a_{x+m:\overline{n-m|}} \end{cases}$$

아래 식은 실제로 많이 사용되지는 않으나 연습을 위해 증명해 보기로 하자.

재귀식 5: 양의 정수 n에 대하여 다음을 만족한다.

$$a_x = a_{x:\overline{n|}} + {}_{n+1}p_x \cdot v^{n+1} \cdot \ddot{a}_{x+n+1}$$

예제 6

주어진 조건을 이용하여 ${}_8q_{30}$을 구하여라.

(1) 모든 x에 대하여, $\ddot{a}_x = 8$로 주어진다.

(2) $i = 0.08$

풀이

우선

$$\ddot{a}_x = 1 + v \cdot p_x \cdot \ddot{a}_{x+1}$$

에서

$$p_x = 1.08 \times \frac{7}{8} \quad \text{for} \quad \text{all} \;\; x$$

을 알 수 있고, 여기서

$$_8q_{30} = 1 - {_8p_{30}} = 1 - \left(\frac{7}{8} \times 1.08\right)^8 = 0.3640$$

을 구할 수 있다.

예제 7

$q_{x+k-1} = \begin{cases} 0.1k & ,k \le 3 \\ 0.3 & ,k > 3 \end{cases}$, $d = 0.05$일 때 $\ddot{a}_x$를 구하여라.

풀이

$d = 0.05$이므로

$$v = 1 - d = 0.95$$

을 얻을 수 있다. 또한,

$$q_x = 0.1, \;\; q_{x+1} = 0.2, \;\; q_{x+2} = 0.3, \;\; q_{x+3} = 0.3, \;\; \cdots \;\; .$$

를 얻을 수 있다. 이들을 이용하면

$$\begin{aligned} \ddot{a}_{x+3} &= 1 + vp_{x+3} + v^2 {_2p_{x+3}} + \cdots \\ &= \frac{1}{1 - v0.7} = 2.9851 \end{aligned}$$

을 얻을 수 있고, 이제 재귀식을 이용하여 다음을

$$\begin{aligned} \ddot{a}_x &= \ddot{a}_{x:\overline{3|}} + {_3p_x} v^3 \ddot{a}_{x+3} \\ &= 1 + v \cdot p_x + v^2 \cdot p_x \cdot p_{x+1} + {_3p_x} v^3 \ddot{a}_{x+3} \\ &= 3.7947 \end{aligned}$$

얻을 수 있다.

예제 8

(60)에게 발행된 10년 기시급 정기연금에 대하여 일반적으로

(1) $q_{60} = 0.01$

(2) $i = 0.05$

(3) $\ddot{a}_{60:\overline{10|}} = 5$

를 만족한다. 나이가 60세인 회사원 A씨는 올해 1년 동안 해외 파견 근무를 다녀오기로 했다. 해외 파견의 경우 사망확률은 $q^*_{60} = 0.04$으로 높아짐이 알려져 있으므로, 파견 후 A씨의 사망확률은 다음과 같이

$$q^*_{x+k} = q_{x+k} \quad \text{for} \quad k \geq 1$$

다시 정상으로 돌아옴이 알려져 있다. 이때, A씨의 10년 기시급 정기연금의 EPV, $\ddot{a}^*_{60:\overline{10|}}$를 계산하여라. 여기서 *는 A씨의 사망확률에 따른 계산을 의미한다.

풀이

우선 $i = 0.05$이므로 $v = \frac{1}{1.05}$이다. 또한

$$\ddot{a}_{60:\overline{10|}} = 5 = 1 + v \cdot p_{60} \cdot \ddot{a}_{60+1:\overline{9|}}$$

에서

$$\ddot{a}_{60+1:\overline{9|}} = \frac{4}{v \cdot p_{60}} = \frac{4}{\frac{0.99}{1.05}} = \frac{420}{99}$$

을 얻을 수 있다. 또한 [재귀식 3]을 쓰면 $\ddot{a}^*_{60:\overline{10|}} = 1 + v\left(1 - q^*_{60}\right) \cdot \ddot{a}^*_{61:\overline{9|}}$을 얻을 수 있다. 여기서 $\ddot{a}_{61:\overline{9|}} = \ddot{a}^*_{61:\overline{9|}}$임을 이용하면 다음을 계산할 수 있다.

$$\begin{aligned}\ddot{a}^*_{60:\overline{10|}} &= 1 + v \cdot (1 - q^*_{60}) \cdot \ddot{a}^*_{60+1:\overline{9|}} \\ &= 1 + v \cdot (1 - q^*_{60}) \cdot \ddot{a}_{60+1:\overline{9|}} \\ &= 1 + \frac{1}{1.05} \times (1 - 0.04) \times \frac{420}{99} = 4.8788\end{aligned}$$

EXCEL 예제 3

$\ddot{a}_{100}$, $\ddot{a}_{99}$, $\cdots$, $\ddot{a}_0$을 차례로 계산한 후 $\ddot{a}_{100}+\ddot{a}_{99}+\cdots+\ddot{a}_0$의 값을 구하여라.

풀이

우선 생명표로부터 p_x와 q_x 칼럼을 각각 작성한다. 다음으로 한계나이는 $\omega=101$이므로 $q_{100}=1$이고, $\ddot{a}_{100}=1$임을 알 수 있다. 이제 [재귀식 1]로부터 $\ddot{a}_{99}$를

$$\ddot{a}_{99}=1+p_{99}\,v\,\ddot{a}_{100}$$

와 같이 계산할 수 있다. 이제, 방금 구한 A_{99}의 값을 이용하여 A_{98}을

$$\ddot{a}_{98}=1+p_{98}\,v\,\ddot{a}_{99}$$

와 같이 계산할 수 있고, 이를 반복하여 $\ddot{a}_{97}$, $\cdots$, $\ddot{a}_0$을 차례로 계산할 수 있다. 자세한 계산과정은 EXCEL을 이용한다.

답: 988.05

3.5 생존여부 의존성 상품들의 현가 관계 복습

앞서 살펴본 다양한 EPV들 사이에 있는 몇 가지 유용한 관계들을 살펴보고 3장을 마무리하겠다. 앞서 소개한 관계들도 다시 정리하였다. 여기서 소개되는 정리들을 자유롭게 응용할 수 있도록 연습하기를 권장한다.

우선 다음은 생명보험의 EPV와 종신연금의 EPV 사이의 관계를 나타낸 식이다.

$$\ddot{a}_x=\frac{1-A_x}{d}$$

위의 증명을 위해 먼저 $\ddot{a}_x$의 지급 흐름을 살펴보면 [그림 3.1]과 같다.

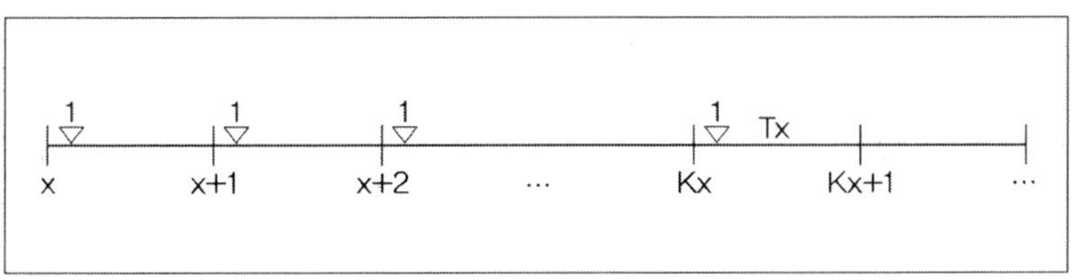

그림 3.1 $\ddot{a}_x$의 지급 흐름

이를 수식으로 표현하면 다음과 같다.

$$
\begin{aligned}
Z &= 1 \cdot I[T_x \geq 0] + 1 \cdot v^1 \cdot I[T_x \geq 1] + 1 \cdot v^2 \cdot I[T_x \geq 2] + \cdots \\
&= 1 + v + \cdots + v^{K_x} \\
&= \frac{1 - v^{K_x + 1}}{1 - v} \\
&= \frac{1 - v^{K_x + 1}}{d}
\end{aligned}
$$

$\ddot{a}_x$의 값은 Z의 기댓값이므로

$$
\begin{aligned}
\ddot{a}_x &= E[Z] \\
&= \frac{1 - E\left[v^{K_x + 1}\right]}{d}
\end{aligned}
\qquad \text{(식 3.18)}
$$

과 같이 나타낼 수 있다. 이때 2장에서 공부한 다음 식을

$$A_x = E\left[v^{K_x + 1}\right]$$

이용하면 아래의

$$\ddot{a}_x = \frac{1 - A_x}{d} \qquad \text{(식 3.19)}$$

와 같은 결과를 얻을 수 있다.

이제 정기생명보험의 EPV와 정기연금의 EPV 사이의 관계를

$$\ddot{a}_{x:\overline{n|}} = \frac{1 - A_{x:\overline{n|}}}{d} \qquad \text{(식 3.20)}$$

살펴본다. 이의 증명을 위해 $\ddot{a}_{x:\overline{n|}}$의 지급 흐름은 앞에서 살펴본 바와 같이

$$
\begin{aligned}
Z &= 1 \cdot I[T_x \geq 1] + 1 \cdot v^1 \cdot I[T_x \geq 1] + \cdots + 1 \cdot v^n \cdot I[T_x \geq n] \\
&= 1 \cdot I[K_x \geq 1] + 1 \cdot v^1 \cdot I[K_x \geq 1] + \cdots + 1 \cdot v^n \cdot I[K_x \geq n]
\end{aligned}
\qquad \text{(식 3.21)}
$$

이고 이를 간단히 표현하면

$$Z = 1 + v + v^2 + \cdots + v^{\min(K_x, n-1)} \qquad \text{(식 3.22)}$$

$$= \frac{1 - v^{\min(K_x, n-1)+1}}{1 - v}$$

$$= \frac{1 - v^{\min(K_x+1, n)}}{d}$$

과 같다. 따라서

$$\ddot{a}_{x:\overline{n|}} = E[Z] \qquad \text{(식 3.23)}$$

$$= \frac{1 - E\left[v^{\min(K_x+1, n)}\right]}{d}$$

과 같이 표현할 수 있고, 아래와 같은 2장의 결과를 이용하면

$$A_{x:\overline{n|}} = E\left[v^{\min(K_x+1, n)}\right]$$

(식 3.20)을 얻을 수 있다.

마지막으로 [문제 1]에서 알 수 있듯이 Z가 (식 3.11)처럼 주어졌을 때 다음을

$$a_{x:\overline{n|}} = \frac{1 - (1+i)A_{x:\overline{n+1|}}}{i}$$

얻을 수 있다.

예제 9

다음 사실이 알려져 있을 때, $A_{40:\overline{10|}}^{\;\;1}$ 의 값을 구하여라.

(1) $a_{40:\overline{10|}} = 6.7$

(2) $A^{1}_{40:\overline{10|}} = 0.1$

(3) $d = 0.06$

풀이

(식 3.12)에 의해 다음이 성립하고

$$\begin{aligned}\ddot{a}_{40:\overline{10|}} &= a_{40:\overline{10|}} + 1 - v^{10} \cdot {}_{10}p_{40} \\ &= 6.7 + 1 - v^{10} \cdot {}_{10}p_{40} \\ &= 7.7 - A_{40:\overset{1}{\overline{10|}}}\end{aligned}$$

과 같이 나타낼 수 있다. 또한 (식 3.20)을 이용하여

$$\begin{aligned}\ddot{a}_{40:\overline{10|}} &= \frac{1 - A_{40:\overline{10|}}}{d} \\ &= \frac{1 - \left(A^{1}_{40:\overline{10|}} + A_{40:\overset{1}{\overline{10|}}}\right)}{d} \\ &\equiv \frac{1 - \left(0.1 + A_{40:\overset{1}{\overline{10|}}}\right)}{0.06}\end{aligned}$$

을 얻을 수 있다. 이제 위에서 얻은 두 식을 이용하여 방정식을 풀면 $A_{40:\overset{1}{\overline{10|}}} = 0.4660$을 얻을 수 있다.

예제 10

다음을 보여라.

$$a_x = \frac{1 - (1+i) \cdot A_x}{i} \qquad \text{(식 3.24)}$$

풀이

기말급 정기연금의 지급 흐름

$$\begin{aligned}Z &= 1 \cdot v^1 \cdot I[T_x \geq 1] + 1 \cdot v^2 \cdot I[T_x \geq 2] + \cdots \\ &= 1 \cdot v^1 \cdot I[K_x \geq 1] + 1 \cdot v^2 \cdot I[K_x \geq 2] + \cdots\end{aligned}$$

를 간단히 하면

$$\begin{aligned}Z &= v + v^2 + \cdots + v^{K_x} \\ &= \frac{1 - v^{K_x}}{i}\end{aligned}$$

이고, 이를 이용하면 a_x는

$$\begin{aligned} a_x &= E[Z] \\ &= \frac{1-E\left[v^{K_x}\right]}{i} \\ &= \frac{1-\dfrac{1}{v}E\left[v^{K_x+1}\right]}{i} \\ &= \frac{1-(1+i)\cdot E\left[v^{K_x+1}\right]}{i} \end{aligned}$$

와 같이 구할 수 있다. 여기서 $E\left[v^{K_x+1}\right]$을 A_x로 대체하면 (식 3.24)를 얻을 수 있다.

연습문제

1* 어떤 x에 대해서 다음이 성립함을 보이고, $x = 50$, $n = 15$인 경우에 대하여 등호가 성립함을 확인하여라.

$$\ddot{a}_{x:\overline{n|}} - 1 = a_{x:\overline{n|}} - v^n {}_np_x$$

2 다음 식에 대한 직관적 해석을 제시하고 증명하여라.

$$\ddot{a}_{x:\overline{n|}} = 1 + vp_x \ddot{a}_{x+1:\overline{n-1|}}$$

3* 70세인 사람에게 발행된 기시급 생명연금은 첫해에 1만큼을 주고 두 번째 해에 1.05만큼을, 세 번째 해에는 $(1.05)^2$만큼을 주며 매년 지급액이 5%씩 증가한다고 한다. 이 연금의 EPV를 계산하여라.

4 [표 3.1]을 참고하여 다음을 계산하여라. (단, $i = 0.02$)

표 3.1 From US 1989-1991 Female Lives Mortality Table

x	100	101	102	103	104	105	106	107	108	109	110	111
l_x	2251	1584	1086	725	469	293	177	103	57	30	15	0

1) ${}_{5|}\ddot{a}_{104}$ (단, 여기서 ${}_{5|}\ddot{a}_{104} := {}_5p_{104} v^5 \ddot{a}_{109}$ 정의를 사용하자.)

2) $\ddot{a}_{102:\overline{4|}}$

5 위의 [표 3.1]에서 피보험자 (103)이 4년 만기 기시급 유기생명연금에 가입했다고 하자. 총지급액의 현가를 Z 라고 할 때, 다음 물음에 답하여라. 지급액은 (기간 동안) 매년 초 1이라 하고, 이자율은 $i=0.02$로 가정한다.

1) Z를 식으로 표현하여라.
2) $E[Z]$를 보험기호로 나타내고, 이에 해당하는 값을 계산하여라.
3) $Var(Z)$를 다음의 보험기호들

$$^2A_{x:\overline{4}|},\ A_{x:\overline{4}|},\ d$$

을 사용하여 나타내고, $Var(Z)$를 값을 계산하여라.

6 NASA에서 일하는 안재동의 각 나이 t에 대해서 1년 생존율이 p_t로 주어졌다고 하자. 안재동의 현재 나이는 x세이고 $x+n$세에 1년 동안 화성 여행을 간다고 한다. 화성 여행 동안 1년 생존율은 $p^*_{x+n}=p_{x+n}-c$로 알려져 있다. 현재 나이는 x세인 안재동의 종신생명보험의 현재가치가

$$\ddot{a}_x - c\ {}_np_x\, v^{n+1}\, \ddot{a}_{x+n+1}$$

와 같이 주어짐을 보여라.

7 다음과 같은 사망률이 주어질 때

$$q_{x+y}=\begin{cases}0.01, & y=0,1,\cdots,20\\ 0.02, & y=21,22,\cdots\end{cases}$$

$\ddot{a}_{x:\overline{40}|}$을 계산하여라. (이자율은 $i=0.02$로 가정한다.)

8 [연습문제 7]에서 총지급연금액의 현가를 Z라고 할 때, 다음의 확률을 구하여라.

$$P\left(Z < \ddot{a}_{x:\overline{40|}}\right)$$

9 다음 사실이 알려져 있을 때, $a_{40:\overline{10|}}$의 값을 구하여라.

(1) $A_{40:\overset{\;\;1}{\overline{10|}}} = 0.5$

(2) $A^{\;1}_{40:\overline{10|}} = 0.1$

(3) $i = 0.06$

1 (SOA 2000 May #5) An insurance company has agreed to make payments to a worker age x who was injured at work.

(i) The payments are 150,000 per year, paid annually, starting immediately and continuing for the remainder of the worker's life.

(ii) After the first 500,000 is paid by the insurance company, the remainder will be paid by a reinsurance company.

(iii) ${}_tp_x = \begin{cases} (0.7)^t, & 0 \le t \le 5.5 \\ 0, & t > 5.5 \end{cases}$

(iv) $i = 0.05$

Calculate the actuarial present value of the payments to be made by the reinsurer.

2 (SOA 2006 Nov #4) For a pension plan portfolio, you are given:

(i) 80 individuals with mutually independent future lifetimes are each to receive a whole life annuity-due.

(ii) $i = 0.06$

(iii)

Age	Number of annuitants	Annual annuity payments	$\ddot{a}_x$	A_x	${}^2A_x$
65	50	2	9.8969	0.43980	0.23603
75	30	1	7.2170	0.59149	0.38681

Using the normal approximation, calculate the 95th percentile of the distribution of the present value random variable of this portfolio.

3 (SOA 2000 May #29) For a whole life annuity-due of 1 on (x), payable annually:

(i) $q_x = 0.01$

(ii) $q_{x+1} = 0.05$

(iii) $i = 0.05$

(iv) $\ddot{a}_{x+1} = 6.951$

Calculate the change in the actuarial present value of this annuity-due if p_{x+1} is increased by 0.03.

4 (SOA 2004 Nov #29) At interest rate i:

(i) $\ddot{a}_x = 5.6$

(ii) The actuarial present value of a 2-year certain and life annuity-due of 1 on (x) is 5.6459

(iii) $e_x = 8.83$

(iv) $e_{x+1} = 8.29$

Calculate i.

제 4 장

보험료

제 4 장 보험료

이번 장에서는 이전에 다루었던 개념들을 보험상품에 적용시키려 한다. 구체적으로, EPV의 계산에 이용했던 방식들을 적용시켜 보험료와 준비금에 대해 알아볼 것이다. 먼저 보험료를 구하는 원리인 수지상등의 원칙(equivalence principle)에 대해 소개하고 생명보험에 대한 보험료를 구할 때 어떻게 적용되는지 보일 것이다. 비용을 고려한 보험료 계산법도 알아보자.

4.1 순보험료와 수지상등의 원칙

2장에서 살펴본 종신 상품이나 정기상품과 같은 보험상품이 제공하는 보험금과 상응하는 보험료라는 금액을 고객들이 보험회사에 지불한다. 순보험료(net premium, benefit premium)는 보험에서 제공하는 보험금만 고려한 보험료로 보험회사가 이익을 남기지 않고 보험금만을 지불할 수 있도록 책정된 가격이다. 영업보험료(gross premium)는 보험회사가 보험금 지급 이외에도 이익을 창출할 수 있도록 책정된 가격으로 순보험료에서 비용들이 더해진다.

보험료와 준비금을 구하는 데 필요한 기본 원리는 수지상등의 원칙(equivalence principle)인데, 이 원리는 간단하다. 보험금을 포함한 모든 비용의 현재가치와 얻어지는 수입(보험료)의 현재가치가 같다는 것이다. 순보험료의 경우 다른 비용들을 고려하지 않고 보험금만 고려하여 책정된 값이므로 다음과 같은 공식으로 계산될 수 있다.

$$\text{보험금(benefit)의 EPV} = \text{보험료(premium)의 EPV} \qquad (\text{식 } 4.1)$$

예제 1

모든 정수 x에 대하여 $q_x = 0.1$이고, $i = 0.06$이라고 하자. 현재 40세인 사람에게 발행된 종신보험이 있다. 이 보험은 보험가입자가 사망할 경우 그해 말에 10,000의 사망

보험금을 지급한다. 이 종신보험의 혜택을 받기 위해서는 P만큼의 순보험료를 매년 초에 지불해야 한다. 수지상등의 원칙을 이용하여 P를 계산하여라.

풀이

우선 이 종신보험의 1단위 EPV는 다음의

$$A_{40} = \sum_{k=0}^{\infty} v^{k+1}\,{}_{k}p_{40} \cdot q_{40+k}$$

$$= \frac{v^{1}0.1}{1-v0.9}$$

$$= 0.625$$

와 같이 구할 수 있고, 비슷한 방법으로 보험료의 1단위 EPV는

$$\ddot{a}_{40} = \sum_{k=0}^{\infty} v^{k}\,{}_{k}p_{40}$$

$$= \frac{1}{1-v0.9}$$

$$= 6.625$$

과 같이 얻을 수 있다. 이제 (식 4.1)에서 나타난 수지상등의 원리를 적용하면

$$10000 \cdot A_{40} = P \cdot \ddot{a}_{40}$$

이 되고, 이를 계산하면

$$P = \frac{10000 \cdot A_{40}}{\ddot{a}_{40}} = 943.4$$

로 주어진다.

(x)에 발행된 종신보험을 고려하자. 이 보험은 보험가입자가 사망할 경우 그해 말에 1의 사망 보험금을 지급하고, 이 종신보험의 혜택을 받기 위해서는 P만큼의 순보험료를 매년 초에 지불해야 한다. 수지상등의 원칙을 이용하여 P를 계산하면 다음의

$$P_x := \frac{A_x}{\ddot{a}_x} \qquad \text{(식 4.2)}$$

와 같이 계산되고, 특별히 기호 P_x를 사용하여 나타내기로 한다. 또한, (식 3.4)를 이용하면 위의 식은

$$P_x = \frac{d \cdot A_x}{1 - A_x} \quad \text{혹은} \quad P_x = \frac{1 - d \cdot \ddot{a}_x}{\ddot{a}_x} \qquad \text{(식 4.3)}$$

과 같이 나타낼 수 있다. 이때 (x)가 매해초에 지급하는 일정액의 보험료를 연납평준보험료(net level annual premium)라고 부르고, 특히 매해 초 지급하는 보험료는 전기연납평준보험료라고 부른다.

EXCEL 예제 1

현재 40세인 사람에게 발행된 종신보험이 있다. 이 보험은 사망한 연도 말에 100,000의 사망보험금을 지급한다. 계약이 유효하다면 P만큼의 순보험료가 매년 초에 지불된다고 가정하자. P를 계산하여라.

풀이

주어진 상황을 그림으로 살펴보자.

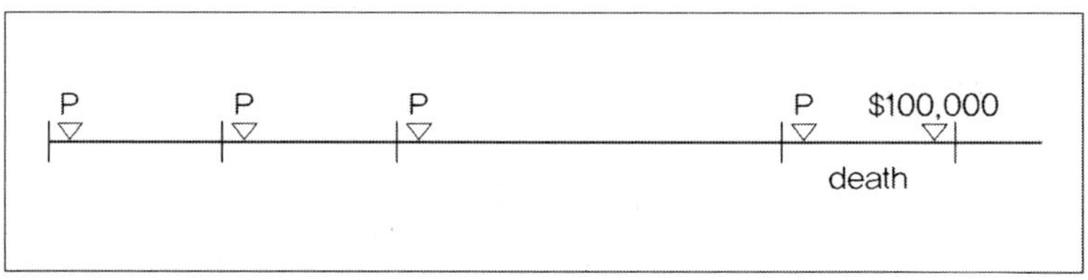

그림에서 알 수 있듯이, 보험료의 EPV는 다음의

$$\text{보험료의 } EPV = P \cdot \ddot{a}_x$$

와 같고, 보험금의 EPV는 다음의

$$\text{보험금의 } EPV = 100{,}000 \cdot A_x$$

와 같이 주어진다. 수지상등의 원칙에 두 식을 같다고 하면

$$P = 100{,}000 \times \frac{A_x}{\ddot{a}_x}$$

$$= 100{,}000 \times \frac{A_x}{1 - A_x} \times d$$

을 얻을 수 있다. 이후 계산은 EXCEL을 이용한다.

답: $P = 2347.2$

예제 2

현재 45세인 사람이 사망한 연도 말에 100,000의 보험금을 지급하는 종신보험에 가입하였다. 다음이 알려져 있을 때, 전기연납평준 순보험료 P를 계산하여라.

(1) $\ddot{a}_{45} = 14.85$

(2) $i = 0.06$

풀이

우선 이 종신보험의 EPV는 $100{,}000A_{45}$로 나타낼 수 있고, 비슷한 방법으로 해당 보험료의 EPV는 $P\ddot{a}_{45}$로 구할 수 있다. 이제 (식 4.1)에서 나타난 수지상등의 원리를 적용하면

$$P = 100{,}000 \frac{A_{45}}{\ddot{a}_{45}} = 100{,}000 \frac{1 - d\ddot{a}_{45}}{\ddot{a}_{45}} = 1073.63$$

이 된다.

(x)에게 발행된 n년 만기 정기보험을 고려하자. 이 정기보험에서 보험가입자가 사망할 경우 그해 말에 1의 사망보험금을 지급하고(단, 보험 가입 후 n년 안에 사망할 경우에만 지급), 이 종신보험의 혜택을 받기 위해서는 P만큼의 순보험료를 매년 초에 지불해야 한다. 수지상등의 원칙을 이용하여 P를 계산하면 다음의

$$P^{1}_{x:\overline{n|}} := \frac{A^{1}_{x:\overline{n|}}}{\ddot{a}_{x:\overline{n|}}} \qquad \text{(식 4.4)}$$

와 같이 계산되고, 특별히 기호 $P^{1}_{x:\overline{n|}}$를 사용하여 나타내기로 한다.

예제 3

모든 정수 x에 대하여 $q_x = 0.1$이고, $i = 0.06$이라고 하자. 현재 40세인 사람에게 발행된 10년 만기 정기보험을 고려하자. 이 정기보험은 보험가입자가 10년 이내에 사망할 경우 그해 말에 100의 사망보험금을 지급한다. 이 종신보험의 혜택을 받기 위해서는 P만큼의 순보험료를 보험가입자가 살아있는 동안, 보험 보장 기간인 최대 10년, 매년 초에 지불해야 한다. 수지상등의 원칙을 이용하여 전기연납평준 순보험료 P를 계산하여라.

풀이

우선 이 종신보험의 $A^{1}_{40:\overline{10|}}$는

$$A^{1}_{40:\overline{10|}} = \sum_{k=0}^{9} v^{k+1}{}_{k|}q_{40} = 0.5033$$

와 같이 구할 수 있고, 비슷한 방법으로

$$\ddot{a}_{40:\overline{10|}} = \sum_{k=0}^{9} v^{k}{}_{k}p_{40} = \frac{1-(v0.9)^{10}}{1-v0.9} = 5.3351$$

을 얻을 수 있다. 이제 (식 4.1)의 수지상등의 원리를 적용하면

$$100 \cdot A^{1}_{40:\overline{10|}} = P \cdot \ddot{a}_{40:\overline{10|}}$$

이 되고, 이를 계산하면

$$P = \frac{100 \cdot A^{1}_{40:\overline{10|}}}{\ddot{a}_{40:\overline{10|}}}$$

$$= 100 \cdot P^{1}_{40:\overline{10|}}$$

$$= 9.4340$$

로 주어진다.

EXCEL 예제 2

현재 30세인 사람이 죽은 해 말에 300,000의 사망보험금을 주는 20년 만기 정기보험에 가입하였다. 계약이 유효하다면 P만큼의 순보험료가 매년 초에 지불된다고 가정하자. 전기연납평준 순보험료 P를 계산하여라.

풀이

우선 보험금의 EPV는 $300{,}000 \cdot A^{1}_{30:\overline{20|}}$로 주어지고, 해당하는 보험료의 EPV는 $P \cdot \ddot{a}_{30:\overline{20|}}$로 주어진다. 이제 수지상등의 원칙을 적용하면

$$P = 300{,}000 \cdot \frac{A^{1}_{30:\overline{20|}}}{\ddot{a}_{30:\overline{20|}}}$$

을 얻을 수 있다.

답: 3959

EXCEL 예제 3

현재 35세인 사람이 처음 20년 동안 사망할 경우 150,000의 사망보험금이 나오고, 그 후에는 2배의 금액인 300,000을 지급하는 종신보험에 가입하였다. 계약이 유효하다면 순보험료가 매년 초에 지불된다고 가정하자. 첫 보험료는 P이고 이후로 보험료는 3%씩 증가한다고 알려져 있을 때, 첫 보험료 가격 P를 구하여라.

풀이

우선 주어진 상황을 그림으로 살펴보면 아래와 같다.

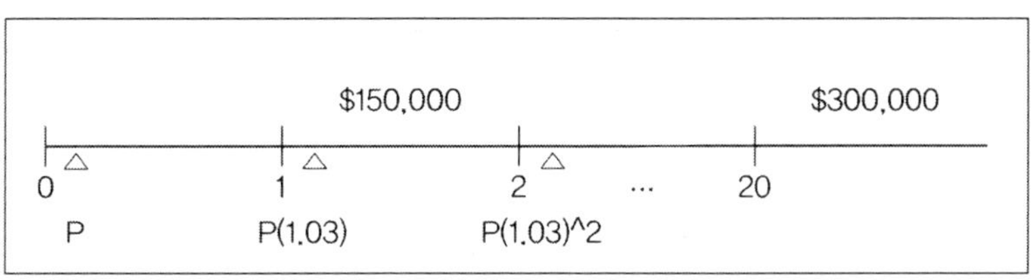

이를 이용하여 보험금의 EPV는

$$EPV[benefits] = 150,000 \times A_{35} + 150,000 \times {}_{20}p_{35} v^{20} A_{55}$$

$$= 300,000 \times A_{35} - 150,000 \cdot A^{\ 1}_{35:\overline{20|}}$$

와 같이 계산되고, 보험료의 EPV는

$$EPV[premiums] = P + {}_1p_{35} v P(1.03) + {}_2p_{35} v^2 P(1.03)^2 + \cdots$$

$$= P + v^* \, {}_1p_{35} P + (v^*)^2 \, {}_2p_{35} P + \cdots \ , v^* = v(1.03)$$

$$= P \cdot \ddot{a}^*_{35}$$

와 같이 구할 수 있다. 단, 여기서 $\ddot{a}^*_{35} = 18.70$은 이자율이 $i^* = 1/v^*$로 주어졌을 때 기시급연금의 EPV를 뜻한다. 이후 계산은 EXCEL을 이용한다.

답: $P = 2832.834$

EXCEL 예제 4

현재 40세인 남성이 65세부터 그가 살아있는 동안 매년 초에 35,000의 연금을 주는 상품을 구매하였다. 만약 그가 65세에 이르기 전에 사망할 시에는 사망한 해의 말에 100,000의 사망보험금이 지급된다. 이 상품의 혜택을 받기 위해서는 P만큼의 benefit premium을 65세가 되기 전까지 매년 초에 지불해야 한다. 수지상등의 원칙을 이용하여 P를 계산하여라.

풀이

우선 보험금의 EPV는

$${}_{25}p_{40} \cdot v^{25} \cdot 35,000 \cdot \ddot{a}_{65} + 100,000 \cdot A^{\ 1}_{40:\overline{25|}}$$

로 주어지고, 해당하는 보험료의 EPV는 다음과 같이 주어진다.

$$P \cdot \ddot{a}_{40:\overline{25|}}$$

이제 수지상등의 원칙을 적용하면

$$P = \frac{{}_{25}p_{40} \cdot v^{25} \cdot 35,000 \cdot \ddot{a}_{40} + 100,000 \cdot A^{1}_{40:\overline{25}|}}{\ddot{a}_{40:\overline{25}|}}$$

을 얻을 수 있다. 이후 계산은 EXCEL을 이용한다.

답: 5149.46

예제 4

(x)는 $t=1,2,3$년 동안 사망 시에는 사망한 해의 말에 $1000 \cdot t$만큼의 사망보험금이 지급되고, $t=3$일 때 생존한 경우 1500만큼 지급되는 생사혼합보험에 가입하였다. 또한, 보험료는 첫해 초에는 P, (생존 시) 두 번째 해에는 $P/2$를 지급하기로 약속하였다. 수지상등의 원칙에 따라 첫해 보험료 P를 계산하여라. 단 생존확률은 다음의 표

k	q_{x+k}	p_{x+k}
0	0.1	0.9
1	0.15	0.85
2	0.25	0.75

와 $d=0.05$을 이용한다.

풀이

우선 보험금의 EPV는

$$vq_x 1000 + v^2 p_x q_{x+1} 2000 + v^3 p_x p_{x+1} q_{x+2} 3000 + v^3 p_x p_{x+1} p_{x+2} 1500 = 1568.4723$$

와 같이 계산되고, 보험료의 현가는

$$P + vp_x \frac{P}{2} = P\left(1 + \frac{1}{2} vp_x\right)$$
$$= P \times 1.4275$$

와 같이 계산된다. 수지상등의 원칙에 의하여 $P=1098.8$를 얻을 수 있다.

4.2 영업보험료

이제 보험회사의 여러 가지 영업 및 부대비용을 감안한 영업보험료(gross premium)의 결정에 대해서 알아보기로 한다. 우선 보험회사에서 발생하는 몇 가지 유형의 비용들을 살펴본다. 일부 비용들은 자연스럽게 영업보험료의 비율(%)로 표현될 수 있다. 예를 들면, 중개인에게 지불하는 수수료나 보험료세 등이 여기에 포함된다. 또한, 다양한 유형의 관리비, 유지비들이 보험 발행 시나 연 단위, 혹은 보험 종료 시와 같은 시기에 발생하는 고정된 비용으로 고려될 수 있다. 그리고 사건발생 시 발생하는 부대비용에 관련된 비용도 있는데, 예를 들어 사망보험금 지급 시 보험금의 크기에 비례에 발생하는 각종 세금 등의 비용이 여기에 해당한다.

이 교재에서는 모든 비용이 미리 결정된다고 가정한다. 영업보험료는 보험금과 비용뿐만 아니라 보험업자에게 발생할 이익도 포함해야 한다. 보험금 이외에도 비용이나 이익까지 고려하여 책정되는 영업보험료에 적용되는 수지상등의 원칙은 다음과 같다.

$$\text{영업보험료의 EPV} = \text{보험금, 부대비용, 영업이익의 EPV} \qquad (\text{식 } 4.5)$$

예제 5

모든 정수 x에 대하여 $q_x = 0.1$이고, $i = 0.06$이라고 하자. 현재 45세인 사람에게 발행된 사망보험금이 300,000인 종신보험을 고려하자. 영업보험료 G는 매년 초 지불된다. 보험회사의 비용이 다음과 같을 때, G를 계산하여라.

(1) 인수 비용(underwriting expenses): 보험 발행 시에 발생하는 비용으로 사망보험금 1,000당 10

(2) 발행 비용: 보험 발행 시에 발생하는 비용으로 보험계약당 350

(3) 유지 비용: 첫 해를 포함하여 보험계약이 유효한 매해 초에 발생하는 비용으로 보험계약당 45

풀이

(식 4.5)의 수지상등원칙을 적용하면

$$G\ddot{a}_{45} = 350 + 45\ddot{a}_{45} + 300{,}000 \cdot \frac{10}{1000} + 300{,}000A_{45}$$

을 얻을 수 있고, [예제 1]로부터 $A_x = 0.625$ 그리고 $\ddot{a}_x = 6.625$를 이용하면 $G = 28853$이 나옴을 계산할 수 있다.

EXCEL 예제 5

현재 45세인 사람이 사망보험금이 300,000인 종신보험에 가입하였다. 영업보험료 G는 매년 초에 지불된다. 보험회사의 비용이 다음과 같을 때, G를 계산하여라.

(1) 인수 비용(underwriting expenses): 보험 발행 시에 발생하는 비용으로 사망보험금 1,000당 10
(2) 발행 비용: 보험 발행 시에 발생하는 비용으로 보험계약당 350
(3) 유지 비용: 첫해를 포함하여 보험계약이 유효한 매해 초에 발생하는 비용으로 보험계약당 45

풀이

(식 4.5)의 수지상등원칙을 적용하면

$$G\ddot{a}_{45} = 350 + 45\,\ddot{a}_{45} + 300{,}000 \cdot \frac{10}{1000} + 300{,}000A_{45}$$

을 얻을 수 있고, $A_{45} = 0.335189$ 그리고 $\ddot{a}_{45} = 11.745$를 이용하면 $G = 8891.9$이 나옴을 계산할 수 있다.

위의 예제에서 유지 비용이 종신연금의 형태를 가진다는 것에 주목하라. 이는 유지 비용이 보험이 유효한 동안 매년 발생하기 때문이다. 또한, 인수 비용은 현실 세계에서는 발행하기 전에 먼저 발생하지만, 보험 발행 시에 발생한다고 가정하자.

EXCEL 예제 6

현재 50세인 사람이 사망보험금이 300,000인 20년 만기 정기보험에 가입하였다. 영업보험료 G는 매년 지불된다. 보험회사의 비용이 다음과 같을 때, G를 계산하여라.

(1) 발행 비용: 보험 발행 시에 발생하는 비용으로 보험계약당 250

(2) 수수료: 첫 보험료의 40%와 다음 보험료들의 4%

(3) 보험료세: 모든 보험료의 2%

풀이

(식 4.5)의 수지상등의 원칙을 이용하면

$$G\ddot{a}_{50:\overline{20|}} = 300,000 \times A^{\;1}_{50:\overline{20|}} + 250 + 0.36 \cdot G + 0.04 \cdot G\ddot{a}_{50:\overline{20|}} + 0.02 \cdot G\ddot{a}_{50:\overline{20|}}$$

을 얻을 수 있고, 이는 다음과 같이 간단히 나타낼 수 있다.

$$\left(0.94 \cdot \ddot{a}_{50:\overline{20|}} - 0.36\right)G = 300,000 \times A^{\;1}_{50:\overline{20|}} + 250$$

이후 계산은 EXCEL을 이용한다.

답: 9803.7

1 [제40회 보험계리사 및 손해사정사 제1차 보험계리사 기출문제] 피보험자 (40)이 사망 시 사망해의 말에 보험금 2,000이 지급되는 종신보험에 가입했다. 보험료는 매년초 전기연납평준 순보험료 P를 납입한다고 할 때 다음 물음에 답하여라. (단 $i=0.06$)

1) 전기연납평준 순보험료 P를 구하여라.
2) (40)이 T_x년 뒤에 사망했다고 했을 때, 보험기간 동안 지급한 보험료의 현가를 K_x를 사용하여 나타내어라. (평균보험료가 아님에 유의)
3) (40)이 T_x년 뒤에 사망했다고 했을 때, 지급된 보험금의 현가를 K_x를 사용하여 나타내어라.
4) (40)이 보험기간 동안 지급한 보험료의 현가가 지급된 보험금의 현가보다 클 확률을 나타내어라.
5) 위의 모든 계산을 $p_x=0.9$일 때 계산하여라.
6)* 위의 모든 계산을 [표 1.1] 상황에서 계산하여라.

2 피보험자 (50)이 다음과 같이 3년 만기 정기보험에 가입하였다. 다음의 조건을 참조하여 전기연납평준 순보험료 P를 구하여라. (매해 초[최대 3번] 지불해야 하는 보험료를 구하여라.)

(1) 탈퇴 원인은 (1)과 (2)가 있음

(2) 탈퇴 원인이 (1)인 경우 해당 사건 연말에 10만 원을 지급함

(3) 탈퇴 원인이 (2)인 경우 해당 사건 연말에 5만 원을 지급함

(4) 연간이율은 $i = 0.06$으로 주어짐

(5) 다음과 같은 다중 탈퇴표가 주어짐

x	$q_x^{(1)}$	$q_x^{(2)}$
50	0.05	0.10
51	0.12	0.17
52	0.20	0.22

3* (40)은 25년 만기이고 사망연도 말 1억 원을 보장하는 정기보험에 가입하였는데, 또한 이 보험은 65세에 생존하였을 경우 축하금으로 원금 (P · 25)을 돌려준다고 한다. 여기서 P는 이 보험을 위해 (40)이 매해 초 보험회사에 지급하는 전기연납평준 영업보험료 P를 의미한다. 다음의 조건을 이용하여 P를 계산하여라.

(1) 발행 비용: 보험건당 2만 원

(2) 보험중계료: 첫 보험료의 20%, 그리고 다음 보험료들의 4%

(3) 보험료세: 보험료의 3%를 매해 초 청구

(4) 영업이익: 보험료의 5%를 매해 초 청구

(5) 보험유지비용: 매해 초 1만 원

1 (SOA 2003 Nov #37) Two actuaries use the same mortality table to price a fully discrete 2-year endowment insurance of 1000 on (x).

(i) Kevin calculates non-level benefit premium of 608 for the first year and 350 for the second year.
(ii) Kira calculates level annual benefit premiums of y.
(iii) $d = 0.05$

Calculate y.

2* (SOA 2007 May #11) For a 10-payment, fully discrete, 20-year term insurance of 1000 on (40), you are given:

(i) $i = 0.06$
(ii) Mortality follows the Illustrative Life Table. (2장에서 주어진 생명표를 사용하여라)
(iii) The following expenses, which are incurred at the beginning of each policy year:

	Year 1		Year 2+	
	% of premium	Constant	% of premium	Constant
Taxes	4%	0	4%	0
Sales Commission	25%	0	5%	0
Policy Maintenance	0%	10	0%	5

Calculate the expense-loaded premium using the equivalence principle.

3 (SOA 2005 Nov #15) For a fully discrete 15–payment whole life insurance of 100,000 on (x), you are given:

(i) The expense–loaded level annual premium using the equivalence principle is 4669.95.

(ii) $100{,}000\, A_x = 51{,}481.97$

(iii) $\ddot{a}_{x:\overline{15|}} = 11.35$

(iv) $d = 0.02913$

(v) Expenses are incurred at the beginning of the year.

(vi) Percent of premium expenses are 10% in the first year and 2% thereafter.

(vii) Per policy expenses are K in the first year and 5 in each year thereafter until death.

Calculate K.

제 5 장

책임준비금

제 5 장 책임준비금

지금까지는 여러 가지 보험상품의 수학적 성질에 대해서 알아보고 수지상등의 원칙을 사용하여 보험료를 구하는 방법에 대해서 알아보았다. 이제 보험회사가 보험료를 어떻게 관리하고 보험금을 지급하기 위해 어떻게 재무구조를 준비해야 하는지 알아보겠다. 보험회사는 피보험자에게 보험료를 받고 그 대가로 보험사건 발생 시 보험금을 지급해야 할 의무를 지닌다. 보험회사가 보험금을 지급하지 못할 시에는 보험회사가 파산하게 되기 때문에 보험회사는 보험금의 지급을 위해 적정금액을 보유할 의무를 지니게 된다. 이러한 적정금액을 판단하는 데 기준이 되는 근거가 책임준비금(Reserve)이다.

수학적으로 보험구입 후 t년이 지난 후 책임준비금이란 미래에 지급될 보험금의 EPV에서 미래에 (피보험자로부터) 받을 보험료의 EPV 차감한 금액을 뜻한다. 이때 EPV는 보험구입후 t년을 기준으로 한 EPV를 뜻한다. 본격적인 책임준비금의 정의에 앞서 다음의 예제를 통해 보험금의 EPV와 보험료의 EPV와의 차이가 시간에 따라 달라짐을 알아본다.

예제 1

모든 정수 x에 대하여 $q_x = 0.1$이고, $i = 0.06$이라고 하자. 65세 이후 사망에 대해 사망이 일어난 해의 말에 1000을 지급하는 생명보험이 있다. 이 생명보험의 혜택을 받기 위해서는 P만큼의 benefit premium이 65세가 되기 전까지 매년 초에 지불해야 한다. (40)이 이 보험에 가입하였다. 수지상등의 원칙을 이용하여 P를 계산하였다고 할 때 다음 물음에 답하여라.

(1) P를 계산하여라.

(2) $t = 10$ 년 후 (40)은 50세가 되었다고 하자. 현재($t = 10$)를 기준으로 향후 보험료 수익의 EPV를 계산하여라.

(3) $t = 10$년 후 (40)은 50세가 되었다고 하자. 현재($t = 10$)를 기준으로 향후 보험금 지출의 EPV를 계산하여라.

(4) (2)와 (3)에서 구한 보험료 수익의 EPV와 보험금 지출의 EPV 차이를 구하고 의미를 설명하여라.

(5) $t=25$년 후 65세가 되었다고 하자. 현재($t=25$)를 기준으로 위의 (2) ~ (4)를 반복하여라.

풀이

P의 계산을 위해 우선 다음의 계산이 필요하고

$$\begin{aligned} {}_{25|}A_{40} &= A_{40} - A^{1}_{40:\overline{25|}} \\ &= {}_{25}p_{40}\, v^{25} A_{65} \\ &= 0.01045433 \end{aligned}$$

위의 계산을 위해 (식 2.16) 혹은 (식 2.17)을 사용할 수 있다. 또한 다음의 계산도

$$\begin{aligned} \ddot{a}_{40:\overline{25|}} &= \sum_{k=0}^{24} v^k\, {}_kp_{40} \\ &= 1 + \left(\frac{0.9}{1.06}\right)^1 + \cdots + \left(\frac{0.9}{1.06}\right)^{25} \\ &= 6.514184 \end{aligned}$$

필요하다.

(1) 이제 수지상등의 원칙을 이용하면 아래 식을

$$P\,\ddot{a}_{40:\overline{25|}} = 1000\,{}_{25|}A_{40}$$

얻을 수 있고, 따라서 $P=1.605$를 얻을 수 있다.

(2) (40)은 현재 50세이고 이 가입자로부터 향후 15년간 보험료 수익을 받을 수 있으므로 해당하는 EPV는 다음과 같이

$$\begin{aligned} P\,\ddot{a}_{50:\overline{15|}} &= P\frac{1-\left(\frac{0.9}{1.06}\right)^{15}}{1-\left(\frac{0.9}{1.06}\right)} \\ &= 9.718749 \end{aligned}$$

나타낼 수 있다.

(3) (40)은 현재 50세이고 이 가입자로부터 15년 후부터 보험금 지출이 발생할 수 있으므로 해당하는 EPV는 다음과 같이

$$\begin{aligned} 1000\,{}_{15|}A_{50} &= 1000\,v^{15}\,{}_{15}p_{50}\,A_{65} \\ &= 1000\left(\frac{0.9}{1.06}\right)^{15} 0.625 \\ &= 53.69448 \end{aligned}$$

나타낼 수 있다.

(4) (40)은 $t=10$ 시점인 현재 50세이고 이때 보험료 수익의 EPV와 보험금 지출의 EPV 차이는 앞의 결과로부터 다음과 같이

$$P\ddot{a}_{50:\overline{15|}} - 1000\,{}_{15|}A_{50} = 9.718749 - 53.69448 = -43.97574$$

구할 수 있다. 즉 보험회사 입장에서 현재 50세인 이 보험가입자로부터 받을 수 있는 미래 보험료 수익보다 미래 지출될 사망보험금의 기댓값이 더 크므로, 이 보험회사는 현재 50세인 이 보험가입자에게 보험금을 지급하기 위해 대략 44의 자금을 준비하고 있어야 한다.

(5) (40)은 $t=25$ 시점인 현재 65세이고 이때 더 이상 받을 보험료는 없으므로 보험료 수익의 EPV는 0이다. 또한, 보험금 지출의 EPV는 다음과 같이

$$1000\,A_{65} = 625$$

계산되므로 두 EPV의 차이는 -625로 이 보험회사에서는 625의 자금을 준비하고 있어야 한다.

5.1 순보험료식 책임준비금

위의 예제를 보면 보험가입시점에서 보험금지출의 EPV와 보험료수입의 EPV가 같도록 수지상등의 원칙을 이용하여 보험료를 구했음에도 불구하고, 시간에 따라 두 EPV가 달라짐을 알 수 있었다. 위의 예제에서 살펴본 보험금지출의 EPV와 보험료수입의 EPV의 차이는 해당 보험에 대해 평균 지출을 의미하고 이는 보험회사가 이 보험의 보험금 지급에

대해 준비해야 할 금액을 결정하는 데 중요한 역할을 한다. 따라서 이를 책임준비금(reserve)이라고 부르고 특히 순보험료(benefit premium 혹은 net premium)에 의해 다음과 같이 계산된 책임준비금을

$$ {}_tV = \mathrm{EPV}_t^{[\text{benefit}]} - EPV_t^{[\text{premium}]} \tag{식 5.1} $$

순보험료식 책임준비금(net premium reserve)이라 부른다. 여기서 $EPV_t^{[\text{benefit}]}$는 t 시점 이후에 발생하는 보험금(benefit)에 대한 t 시점을 기준으로 한 EPV를 의미하고, $EPV_t^{[\text{premium}]}$는 t 시점 이후에 발생하는 보험료(premium)에 대한 t 시점을 기준으로 한 EPV를 의미한다. 여기서 매우 유의해야 할 점은 t 시점에서 책임준비금 ${}_tV$을 계산할 때, t 시점에 보험가입자가 살아 있다고 가정한다는 것이다.

예제 2

모든 정수 x에 대하여 $q_x = 0.1$이고, $i = 0.06$이라고 하자. 현재 40세인 사람에게 발행된 10년 만기 정기보험을 고려하자. 이 정기보험은 보험가입자가 10년 이내에 사망할 경우 그해 말에 100의 사망 보험금을 지급한다. 이 종신보험의 혜택을 받기 위해서는 P만큼의 benefit premium이 보험가입자가 살아있는 동안, 보험보장기간인 최대 10년, 매년 초에 지불해야 한다. 다음 물음에 답하여라.

(1) 수지상등의 원칙을 이용하여 P를 계산하여라.

(2) ${}_5V$를 계산하여라.

풀이

우선

$$ \begin{aligned} A^{\,1}_{x:\overline{10|}} &= v\,q_x + v^2\,{}_{1|}q_x + \cdots + v^{10}\,{}_{9|}q_x \\ &= v\,0.1 + v^2 0.9^{2-1} 0.1 + \cdots + v^{10} 0.9^{10-1} 0.1 \\ &= 0.5033 \end{aligned} $$

그리고

$$ \begin{aligned} \ddot{a}_{x:\overline{10|}} &= 1 + v\,p_x + v^2\,{}_2p_x + \cdots + v^9\,{}_9p_x \\ &= 1 + v\,0.9 + v^2 0.9^2 + \cdots + v^9 0.9^9 \\ &= 5.3351 \end{aligned} $$

을 계산할 수 있으므로

$$P = \frac{100\,A^{\;1}_{x\,:\,\overline{10|}}}{\ddot{a}_{x\,:\,\overline{10|}}} = 9.433962$$

를 얻을 수 있다.

(식 5.1) 을 이용하여 책임준비금은 다음과 같이

$$\begin{aligned} {}_5V &= 100A^{\;1}_{x+5\,:\,\overline{5|}} - P\,\ddot{a}_{x+5\,:\,\overline{5|}} \\ &= 100\sum_{k=0}^{4} v^{k+1}\,{}_{k\,|}\,q_{x+5} - P\sum_{k=0}^{4} v^k\,{}_kp_x \\ &= 100\sum_{k=0}^{4} v^{k+1}0.9^k 0.1 - P\sum_{k=0}^{4} v^k\,0.9^k \\ &= 15.40927 \end{aligned}$$

구할 수 있다.

예제 3

현재 45세인 사람이 죽은 해 말에 100,000만큼의 보험금을 주는 종신보험에 가입하였다. 다음이 알려져 있을 때, 전기연납평준 순보험료 P와 10년 후 책임준비금 ${}_{10}V$을 계산하여라.

(1) $\ddot{a}_{45} = 14.85$, $\ddot{a}_{55} = 13.50$

(2) $i = 0.06$

풀이

우선 순보험료 $P = 1073.629$는 다음으로부터 구할 수 있다.

$$\begin{aligned} P \cdot \ddot{a}_{45} &= 100000 \cdot A_{45} \\ &= 100000\left(1 - d \cdot \ddot{a}_{45}\right) \end{aligned}$$

또한 10년 후 책임준비금 ${}_{10}V = 9090.909$는 다음과 같이 계산할 수 있다.

$$\begin{aligned} {}_{10}V &= 100000 \cdot A_{55} - P\ddot{a}_{55} \\ &= 9090.909 \end{aligned}$$

5.2 재귀식

(x)가 사망해 말에 B만큼의 보험금을 주는 종신보험에 가입하였고 순보험료 P를 생존기간 동안 매해 초 납입한다고 하자. 그러면 (식 5.1)에 의해 t년 후 책임준비금 ${}_tV$와 $t+1$년 후 책임준비금 ${}_{t+1}V$는 다음과 같이 정의된다.

$${}_tV = B \cdot A_{x+t} - P \cdot \ddot{a}_{x+t} \text{ 와 } {}_{t+1}V = B \cdot A_{x+t+1} - P \cdot \ddot{a}_{x+t+1}$$

이제 다음 식을 이용하면

$$\begin{cases} A_{x+t} = v \cdot q_{x+t} + v \cdot p_x \cdot A_{x+t+1} \\ \ddot{a}_{x+t} = 1 + v \cdot p_{x+t} \ddot{a}_{x+t+1} \end{cases}$$

다음과 같은 책임준비금에 관한 재귀식을 얻을 수 있다.

$$({}_tV + P)(1+i) = q_{x+t} \cdot B + p_{x+t} \cdot {}_{t+1}V \qquad \text{(식 5.2)}$$

책임준비금에 대한 재귀식은 보험의 종류와 보험료 납부방식에 따라 (식 5.2)와 상이할 수 있다. 단, 다음과 같은 (식 5.2)의 해석은 책임준비금의 재귀식에 대한 논리를 잘 설명해 준다. 우선 (식 5.2)의 좌변은 t번째 해의 말에 준비된 책임준비금에 다음 해 초에 입금되는 보험료 P를 합한 금액의 $t+1$번째 해의 말 시점의 현가로 해석할 수 있다. 이제 (식 5.2)의 우변은 이 금액을 가지고 보험자가 사망 시에 $t+1$번째 해의 말에 보험금 B를 지급하고 보험자가 생존 시에는 책임준비금 ${}_{t+1}V$를 쌓아 놓는 것으로 해석할 수 있다. 이와 같은 해석은 보험의 종류와 보험료 납부방식이 변하여도 적용될 수 있는 논리로 예를 들어 [연습문제] 4번의 재귀식도 비슷한 논리로 해석할 수 있다.

문제 1 (식 5.2)를 보여라.

예제 4

현재 40세인 사람에게 발행된 정기보험을 고려하자. 이 정기보험은 보험가입자가 사망할 경우 그해 말에 100의 사망 보험금을 지급한다. 이 종신보험의 혜택을 받기 위해서는 $P=10$만큼의 benefit premium이 보험가입자가 살아있는 동안, 매년 초에 지불되어야 한다. ${}_5V = 15$, $q_{45} = 0.1$, $i = 0.06$이 주어져 있을 때 ${}_6V$을 계산하여라.

풀이

(식 5.2)를 이용하면

$$_{t+1}V = \frac{({}_tV + P)(1+i) - q_{x+t} \cdot B}{p_{x+t}}$$

를 얻을 수 있고 이로부터

$$_6V = \frac{({}_5V + 10)(1+0.06) - 0.10 \cdot 100}{0.9} = 18.33$$

을 얻을 수 있다.

5.3 부대비용을 고려한 보험에서 책임준비금

이제 보험회사의 여러 가지 영업 및 부대비용을 감안하여 영업보험료가 책정되는 상황을 고려하고, 이때의 책임준비금(gross premium reserve)에 대해서 알아보기로 한다. 우선 영업보험료는 (식 4.5)에서와 같이 영업보험료의 EPV와 부대비용을 고려한 모든 비용의 EPV를 같게 만들어 결정함을 알아보았다. 그리고 이에 따른 부대비용을 고려한 책임준비금은 다음과 같이 정의하자.

$$_t\widetilde{V} = \widetilde{\mathrm{EPV}}_t^{[\mathrm{benefit}+\alpha]} - \widetilde{EPV}_t^{[\mathrm{premium}]} \qquad \text{(식 5.3)}$$

여기서 $\widetilde{EPV}_t^{[\mathrm{benefit}+\alpha]}$는 t 시점 이후에 발생하는 보험금, 부대비용, 영업이익에 대한 t 시점을 기준으로 한 EPV를 의미하고, $\widetilde{EPV}_t^{[\mathrm{premium}]}$는 t 시점 이후에 발생하는 보험료에 대한 t 시점을 기준으로 한 EPV를 의미한다.

예제 5

모든 정수 x에 대하여 $q_x = 0.1$이고, $i = 0.06$이라고 하자. 현재 45세인 사람에게 발행된 사망보험금이 300,000인 종신보험을 고려하자. 영업보험료 G는 매년 초 지불된다. 보험회사의 비용이 다음과 같다.

- 인수 비용(underwriting expenses): 보험 발행 시에 발생하는 비용으로 사망보험금 1,000당 10
- 발행 비용: 보험 발행 시에 발생하는 비용으로 보험계약당 350
- 유지 비용: 첫해를 포함하여 보험 계약이 유효한 매해 초에 발생하는 비용으로 보험계약당 45

다음 물음에 답하여라.

1) G를 계산하여라.

2) 5년 후 부대비용을 고려한 책임준비금 ${}_5\widetilde{V}$를 계산하여라.

풀이

수지상등원칙을 적용하면

$$G\ddot{a}_{45} = 350 + 45\,\ddot{a}_{45} + 300,000 \cdot \frac{10}{1000} + 300,000A_{45}$$

을 얻을 수 있고, 이로부터 $G = 28853$을 얻을 수 있다.

[예제 1]로부터 $A_x = 0.625$ 그리고 $\ddot{a}_x = 6.625$를 이용하면

$$\begin{aligned} {}_5V &= 300000 \cdot A_{50} + 45 \cdot \ddot{a}_{50} - G \cdot \ddot{a}_{50} \\ &= -3350 \end{aligned}$$

책임준비금이 음수가 나온다는 것은 직관적으로 이상하긴 하지만, 이 가입자의 경우 생존 시에 오히려 보험회사에 돈을 벌어주게 된다. 이는 나이에 상관없이 $q_x = 0.1$이기 때문에 (45)와 (50)의 생존확률이 같아 벌어진 사건이다. 다음의 [Excel 예제 1]에서 볼 수 있듯이, 같은 보험에 대하여 실제 생존확률로 계산할 경우 ${}_5V$는 양수가 나오게 된다.

EXCEL 예제 1

현재 45세인 사람이 사망보험금이 300,000인 종신보험에 가입하였다. 영업보험료 G는 매년 초에 지불된다. 보험회사의 비용이 다음과 같을 때, G를 계산하고, 부대비용을 고려한 책임준비금 ${}_5\tilde{V}$를 계산하여라.

(1) 인수 비용(underwriting expenses): 보험 발행 시에 발생하는 비용으로 사망보험금 1,000당 10
(2) 발행 비용: 보험 발행 시에 발생하는 비용으로 보험계약당 350
(3) 유지 비용: 첫해를 포함하여 보험계약이 유효한 매해 초에 발생하는 비용으로 보험계약당 45

풀이

우선 (식 4.5)의 수지상등원칙을 적용하면

$$G\ddot{a}_{45} = 350 + 45\,\ddot{a}_{45} + 300{,}000 \cdot \frac{10}{1000} + 300{,}000A_{45}$$

을 얻을 수 있고, $A_{45} = 0.335189$와 $\ddot{a}_{45} = 11.745$를 이용하면 $G = 8891.9$이 나옴을 계산할 수 있다.

이를 이용하여 부대비용을 고려한 책임준비금 ${}_5\tilde{V}$를 다음과 같이 구할 수 있다.

$$\begin{aligned}{}_5\tilde{V} &= 300000 \cdot A_{50} + 45 \cdot \ddot{a}_{50} - G \cdot \ddot{a}_{50} \\ &= 19029.89\end{aligned}$$

연습문제

1 [제41회 제1차 보험계리사 기출문제의 변형] 나이가 40세인 사람이 다음의 종신연금에 가입했을 때 제10보험연도 말 순보험료식 책임준비금을 구하여라.

(1) 가입 후 20년 동안 매년 초 평준 순보험료를 납입

(2) 종신연금은 60세부터 매년 초 1을 지급

(3) $\ddot{a}_{40} = 14.8$, $\ddot{a}_{50} = 13.3$, $\ddot{a}_{60} = 11.1$, $v^{10} \cdot {}_{10}p_{40} = 0.55$, $v^{10} \cdot {}_{10}p_{50} = 0.50$

2 [제42회 제1차 보험계리사 기출문제의 변형] 피보험자 (x)가 사망연도 말 1을 지급하는 3년 만기 정기보험에 가입하였다. 다음 조건에서 제1보험연도 말 순보험료식 책임준비금 ${}_1V$을 구하여라.

(1) $q_x = q_{x+1} = q_{x+2} = 0.1$

(2) 일시납 순보험료 P를 가입시점에 납입

(3) $i = 0.05$

3 [제42회 제1차 보험계리사 기출문제] 피보험자 (x)가 사망연도 말 1을 지급하는 정기보험에 가입하였다. 가입 후 사망 시까지 매년 초 평준 순보험료를 납입한다고 할 때, 다음 조건에서 제2보험연도 말 순보험료식 책임준비금 ${}_2V$를 구하여라.

(1) $A_x = 0.5$

(2) $A_{x+2} = 0.6$

4 [제44회 제1차 보험계리사 기출문제의 변형] 피보험자 (x)가 다음과 같은 10년 만기 생사혼합보험에 가입하였다.

(1) 제 k보험연도 말에 사망 시 사망보험금 $(11-k)$를 지급 (단, $k = 1, 2, \cdots, 10$)

(2) 만기 생존보험금은 1

(3) 매년 초 평준순보험료 P를 납입 (사망 시 혹은 10년 만기 시 종료)

(4) $v = 0.95$

(5) $q_x = 0.05$

(6) 제 9보험연도 말 순보험료식 책임준비금 ${}_9V = 0.67$

(7) 제5보험연도 말 순보험료식 책임준비금 ${}_5V = 0.14$

다음 물음에 답하여라.

1) 책임준비금 ${}_5V$과 ${}_6V$사이에는 다음과 같은 식이 성립함을 보여라.

$$({}_5V + P)(1+i) = q_{x+5} \cdot 5 + p_{x+5} \cdot {}_6V$$

2) 제6보험연도 말 순보험료식 책임준비금 ${}_6V$를 구하여라.

5* 현재 70세인 사람이 10년 만기 보험에 가입하였다. 사망 시 $300,000의 사망보험금이 연말에 지급되며, 80세에 도달하면 $500,000의 만기 보험금이 이 시점에 지급된다. 연간 보험료 납부와 다음의 비용 구조를 가정한다.

(1) 발행 비용: 계약당 $1000, 계약 발행 시 발생

(2) 수수료: 첫 보험료의 10%, 그 이후 매해 초 보험료의 5%가 발생

(3) 보험세: 총보험료의 1%로 매해 초 발생

(4) 유지비용: 총보험료의 2%로 매해 초 발생

1) 매년 초 납부하여야 하는 순보험료를 계산하여라.

2) 이 보험의 5년 시점에서의 순보험료식 책임준비금 ${}_5V$를 계산하여라.

3) 매년 초 납부하여야 하는 보험료를 계산하여라.

4) 이 보험의 5년 시점에서의 부대비용을 고려한 책임준비금 ${}_5V$를 계산하여라.

1 (2001 May #18) For a special fully discrete 20-year endowment insurance on (55):

(i) Death benefits in year k are given by $b_k = 21 - k$ for $k = 1, 2, \cdots, 20$.

(ii) The maturity benefit is 1.

(iii) Annual benefit premiums are level.

(iv) ${}_kV$ denotes the benefit reserve at the end of year k, $k = 1, 2, \cdots, 20$.

(v) ${}_{10}V = 5.0$

(vi) ${}_{19}V = 0.6$

(vii) $q_{65} = 0.10$

(viii) $i = 0.08$

Calculate ${}_{11}V$.

답: 5.3

2 (2001 May #31) For a special fully discrete 3-year term insurance on (x):

(i) Level benefit premiums are paid at the beginning of each year.

(ii)

k	b_{k+1}	q_{x+k}
0	200000	0.03
1	150000	0.06
2	100000	0.09

(iii) $i = 0.06$

Calculate the initial benefit reserve for year 2.

답: 9400

3 (2003 Nov #38) For a fully discrete 10-payment whole life insurance of 100000 on (x), you are given:

(i) $i = 0.05$

(ii) $q_{x+9} = 0.011$

(iii) $q_{x+10} = 0.012$

(iv) $q_{x+11} = 0.014$

(v) The level annual benefit premium is 2078.

(vi) The benefit reserve at the end of year 9 is 32535.

Calculate $100000A_{x+11}$.

답: 36700

제 6 장

연속 지급

(continuous payments)

제 6 장 연속 지급(continuous payments)

지금까지는 보험금이나 보험료의 지급 시점이 연말 또는 연초로 고정되어 있었다. 이 장에서는 보험금이나 보험료의 지급이 연속인 경우를 고려한다. 물론 이때 연속 보험금이나 보험료를 수학적으로 정의하여야 한다. 이러한 본격적인 논의에 앞서 사력(force of mortality)과 생존확률(survival probability)을 먼저 소개하고자 한다.

6.1 사력과 생존확률

우선 음의 값을 가지지 않는 확률변수 $X=T_x$가 누적확률분포함수 F_x와 확률밀도함수 f_x를 가진다고 할 때, 확률변수 $X=T_0$의 $X=x$에서의 사력을

$$\mu_t=\frac{f_0(t)}{S_0(t)}=-\frac{\frac{d}{dt}S_0(t)}{S_0(t)}, \qquad t\geq 0 \qquad \text{(정의 6.1)}$$

와 같이 정의하고, $S_0(t):=1-F_0(t)$로 정의한다. 위의 식의 두 번째 등호는

$$\frac{d}{dt}S_x(t)=\frac{d}{dt}(1-F_x(t))=-f_x(t)$$

로부터 얻을 수 있다. 위의 식은 다음의 근사식을 통해

$$\begin{aligned}\mu_t&=\frac{f_0(t)\cdot 1}{S_0(t)}\\&\approx\frac{P(t\leq X\leq t+1)}{S_0(t)}\\&=P(t\leq X\leq t+1\mid X\geq t)\end{aligned}$$

X가 t 시점에서 생존해 있을 때, 1년 안에 사망할 확률로 근사됨을 알 수 있다.

특히 (정의 6.1)은

$$\mu_t = -\frac{\frac{d}{dt}S_0(t)}{S_0(x)} = -\frac{d}{dt}\log S_0(t), \qquad t \geq 0 \qquad (식\ 6.1)$$

과 같이 나타낼 수 있고, 이 식의 양변을 $t=0$에서 $t=y$까지 적분하면

$$\int_0^y \mu_t\, \mathrm{d}t = -\int_0^y \frac{\mathrm{d}}{\mathrm{d}t}\ln(S_0(t))\, dt$$

이 되고, 이를 정리하면

$$S_0(y) = \exp\left(-\int_0^y \mu_t\, \mathrm{d}t\right) \qquad (식\ 6.2)$$

를 얻을 수 있다. 또한, 이를 보험 기호를 사용하여

$$_yp_0 = \exp\left(-\int_0^y \mu_t\, \mathrm{d}t\right) \qquad (식\ 6.3)$$

로 나타낼 수 있다. 또한 (식 6.1)의 양변을 $t=x$에서 $t=x+y$까지 적분하면

$$\frac{S_0(x+y)}{S_0(x)} = \exp\left(-\int_x^{x+y} \mu_t\, \mathrm{d}t\right)$$

을 얻을 수 있고, 이는 다시 보험기호를 사용하여

$$_yp_x = \exp\left(-\int_x^{x+y} \mu_t\, \mathrm{d}t\right) \qquad (식\ 6.4)$$

로 나타낼 수 있다.

예제 1

상수 $c \geq 0$에 대해서 사력이

$$\mu_x := c, \qquad x \geq 0$$

와 같이 정의되어 있을 때, $_tp_x$를 구하여라.

풀이

(식 6.4)에 의해서

$$
\begin{aligned}
{}_tp_x &= \exp\left(-\int_x^{x+t} c\,\mathrm{d}z\right) \\
&= \exp(-tc)
\end{aligned}
$$

와 같이 계산된다.

예제 2

한계 연령이 ω로 주어져 있고 $x < \omega$에 대해서 사력이

$$
\mu_x := \frac{1}{\omega - x}, \qquad 0 \leq x < \omega
$$

와 같이 정의되어 있을 때, $x + t < \omega$를 만족하는 x와 t에 대하여 ${}_tp_x$를 구하여라.

풀이

(식 6.4)에 의해서

$$
\begin{aligned}
{}_tp_x &= \exp\left(-\int_x^{x+t} \frac{1}{\omega - z}\,\mathrm{d}z\right) \\
&= \exp(\ln(w - x - t) - \ln(w - x)) \\
&= \frac{w - x - t}{w - x}
\end{aligned}
$$

와 같이 계산된다.

6.2 평균 기대여명

우선 T_x의 누적확률분포 $F_x(t) = {}_tq_x$에서 다음의 확률분포함수를

$$
\begin{aligned}
f_x(t) &= \frac{\partial}{\partial t} F_x(t) \qquad \text{(식 6.5)} \\
&= \frac{\partial}{\partial t}\, {}_tq_x
\end{aligned}
$$

얻을 수 있다. 이제 (식 6.4)로부터

$$\frac{\partial}{\partial t}\,{}_tq_x = \frac{\partial}{\partial \mathrm{t}}\left(1-\exp\left(-\int_x^{x+t}\mu_y\,\mathrm{d}y\right)\right) \qquad (\text{식 } 6.6)$$

$$= \exp\left(-\int_x^{x+t}\mu_y\,\mathrm{d}y\right)\cdot\mu_{x+t}$$

$$= {}_tp_x\cdot\mu_{x+t}$$

을 얻을 수 있고, (식 6.5)와 (식 6.6)으로부터 다음의 중요한 식

$$f_x(t) = {}_tp_x\cdot\mu_{x+t} \qquad (\text{식 } 6.7)$$

을 얻을 수 있다.

이제 평균기대여명(life expectancy)을 다음과 같이 정의하고

$$\dot{e}_x = E[\,T_x\,] \qquad (\text{정의 } 6.2)$$

이는 다음의

$$\dot{e}_x = \int_0^\infty t\,f_x(t)\,\mathrm{d}t$$

와 같이 나타낼 수 있다. 그러면 (식 6.7)을 이용하여 다음의

$$\dot{e}_x = \int_0^\infty t\cdot{}_tp_x\,\mu_{x+t}\,\mathrm{d}t \qquad (\text{식 } 6.8)$$

을 얻을 수 있다. (식 6.8)을 사용하여 평균기대여명을 구하는 것보다 다음의 정리를 사용해서 하는 계산이 편할 때가 있다.

정리 1

평균기대여명 $\dot{e}_x$이 유한한 값을 가질 때, (식 6.8)은 다음과 같이

$$\dot{e}_x = \int_0^\infty {}_tp_x\,\mathrm{d}t \qquad (\text{식 } 6.9)$$

나타낼 수 있다.

증명

우선 (정의 6.2)에 사용된 정의와 부분적분을 이용하여

$$\begin{aligned}\dot{e}_x &= \int_0^\infty t\, f_x(t)\,\mathrm{d}t \\ &= -(1-F_x(t))t\ \big|_0^\infty + \int_0^\infty (1-F_x(t))\,\mathrm{d}t\end{aligned}$$

을 얻을 수 있고, $\dot{e}_x$이 유한한 값을 가질 때

$$\lim_{t\to\infty}(1-F_x(t))t = 0$$

임을 이용하면

$$\dot{e}_x = \int_0^\infty {}_tp_x\,\mathrm{d}t$$

임을 알 수 있다.

위의 (정리 1)에서는 $E[T_x] < \infty$일 때 $\lim_{t\to\infty}(1-F_x(t))t = 0$임을 증명 없이 이용하였다. 이를 조금 자세히 들여다보도록 하자. 우선 다음의 가정으로부터

$$\infty > E[T_x] = \int_0^\infty t\, f_x(t)\, dt$$

다음을

$$\lim_{x\to\infty}\int_x^\infty t\, f_x(t)\, dt = 0$$

얻을 수 있다. 이제 이를 이용하면 다음을 보일 수 있다.

$$\begin{aligned}\lim_{t\to\infty}(1-F_x(t))t &= \lim_{t\to\infty} tS_x(t) \\ &= \lim_{t\to\infty} t\int_t^\infty f_x(z)dz \\ &\le \lim_{t\to\infty}\int_x^\infty z f_x(z)dz \\ &= 0\end{aligned}$$

예제 3

상수 $c \geq 0$에 대해서 사력이 다음과 같이

$$\mu_x := c, \qquad x \geq 0$$

정의되어 있을 때, $\dot{e}_x$를 구하여라.

풀이

우선 [예제 1]의 결과에 의해

$$_tp_x = e^{-ct}$$

이고, 이를 (식 6.9)에 적용하면 다음의

$$\dot{e}_x = \int_0^\infty e^{-ct}\,\mathrm{dt} = \frac{1}{c}$$

을 얻는다.

예제 4

한계 연령이 ω로 주어져 있고 $x < \omega$에 대해서 사력이

$$\mu_x := \frac{1}{\omega - x}, \qquad 0 \leq x < \omega$$

와 같이 정의되어 있을 때, $\dot{e}_x$를 구하여라.

풀이

우선 [예제 2]의 결과에 따라

$$_tp_x = \begin{cases} \dfrac{w-x-t}{w-x}, & t < w-x; \\ 0 & t \geq w-x. \end{cases}$$

이고, 이를 (식 6.9)에 적용하면 다음의

$$\begin{aligned}\mathring{e}_x &= \int_0^\infty {}_tp_x \,\mathrm{d}t \\ &= \int_0^{\omega - x} \frac{\omega - x - t}{\omega - x}\,\mathrm{d}t \\ &= \frac{1}{2}(\omega - x)\end{aligned}$$

을 얻는다. 여기서 두 번째 등호는 $t \geq \omega - x$일 때 ${}_tp_x = 0$임을 이용하였다.

1장에서 정기정수기대여명 $e_{x:\overline{n|}}$의 정의와 비슷하게, 정기기대여명(n–year temporary complete life expectancy) $\mathring{e}_{x:\overline{n|}}$을

$$\begin{aligned}\mathring{e}_{x:\overline{n|}} &:= E[\min(T_x, n)] \qquad \text{(정의 6.3)} \\ &= \int_0^\infty \min(t, n) f_x(t)\,\mathrm{d}t\end{aligned}$$

와 같이 정의할 수 있다. 또한, 부분적분법을 사용하면 위의 식은 다음의

$$\mathring{e}_{x:\overline{n|}} = \int_0^n {}_tp_x \,\mathrm{d}t \qquad \text{(식 6.10)}$$

와 같이 간편하게 계산할 수 있다. 이의 증명 과정은 아래를 참조하자.

$$\begin{aligned}\mathring{e}_{x:\overline{n|}} &= \int_0^\infty \min(t, n) f_x(t)\,\mathrm{d}t \\ &= \int_0^n t f_x(t)\,\mathrm{d}t + n\int_n^\infty f_x(t)\,\mathrm{d}t \\ &= -S_x(t)t \,\Big|_0^n + \int_0^n S_x(t)\,\mathrm{d}t + n \cdot {}_np_x \\ &= \int_0^n S_x(t)\,\mathrm{d}t\end{aligned}$$

예제 5

상수 $c \geq 0$에 대해서 사력이

$$\mu(x) := c, \qquad x \geq 0$$

와 같이 정의되어 있을 때, $\dot{e}_{x:\overline{n|}}$를 구하여라.

풀이

우선 [예제 1]과 같이

$$_tp_x = e^{-ct}$$

을 얻을 수 있고, 이를 (식 6.10)에 적용하면

$$\dot{e}_x = \int_0^n e^{-ct}\,dt = \frac{1}{c}(1 - \exp(-cn))$$

을 얻는다.

6.3 보험금 사망즉시급

앞서 5.1절에서는 기말급 종신형 생명보험의 보험금(지급액) 1에 대한 현가 $1 \cdot v^{K_x+1}$에 관심이 있었고, 이에 해당하는 일시납순보험료는 $A_x = E[v^{K_x+1}]$로 나타내었다. 이 절에서는 기말급이 아닌 사망 즉시 보험금 1을 지급하는 보험금 사망즉시급(insurance payable at the moment of death)에 관심이 있고 이 지급액의 현가는

$$1 \cdot v^{T_x}$$

로 나타낼 수 있다. 또한 이에 대한 일시납순보험료는

$$\overline{A}_x := E[1 \cdot v^{T_x}] \qquad \text{(정의 6.4)}$$

로 나타내고 이는 (식 6.7)을 사용하여 다음의 식

$$\overline{A}_x := \int_0^\infty v^t f_x(t)\,\mathrm{dt} \qquad \text{(식 6.11)}$$

$$= \int_0^\infty v^t\, {}_tp_x\, \mu_{x+t}\,\mathrm{dt}$$

으로 계산될 수 있다.

예제 6

상수 $c \geq 0$에 대해서 사력이

$$\mu_x := c, \qquad x \geq 0$$

와 같이 정의되어 있을 때, $\overline{A}_x$를 구하여라.

풀이

우선 [예제 1]의 결과에 따라

$${}_tp_x = e^{-ct}$$

이고, 이를 (식 6.11)에 적용하면

$$\overline{A}_x = \int_0^\infty v^t e^{-ct}\,\mathrm{c}\,\mathrm{d}t$$

$$= \frac{c}{c - \ln(v)}$$

을 얻는다.

예제 7

한계 연령이 ω로 주어져 있고 $x < \omega$에 대해서 사력이

$$\mu_x := \frac{1}{\omega - x}, \quad 0 \leq x < \omega$$

와 같이 정의되어 있을 때, $\overline{A}_x$를 구하여라.

풀이

우선 6.1절의 [예제 2]의 결과에 따라

$$ {}_tp_x = \frac{w-x-t}{w-x} $$

이고, 이를 (식 6.11)에 적용하면

$$ \overline{A}_x = \int_0^{\omega-x} v^t \frac{\omega-x-t}{\omega-x} \frac{1}{\omega-x-t}\,\mathrm{d}t $$

$$ = \frac{1}{\omega-x}\int_0^{\omega-x} v^t\,\mathrm{d}t $$

$$ = \frac{1}{\omega-x}\frac{1}{\ln v}[v^{\omega-x}-1] $$

을 얻는다. 여기서 $t+x \geq \omega$일 때 ${}_tp_x = 0$임을 이용하였다.

6.3.1 정기보험

보험가입자가 n년 이내에 사망할 경우, 사망 즉시 1를 지급하는 정기보험(tern insurance)에서 보험금(보험지급액)의 현가는

$$ Z = \begin{cases} v^{T_x}, & T_x \leq n \\ 0, & T_x > n \end{cases} $$

와 같이 구할 수 있다. 이에 대한 일시납 순보험료는 다음을 이용하여

$$ \overline{A}^{\,1}_{x:\overline{n}|} := E[Z] \qquad \text{(식 6.12)} $$

$$ = \int_0^n v^t f_x(t)\,\mathrm{d}t + \int_0^\infty 0 f_x(t)\,\mathrm{d}t $$

$$ = \int_0^n v^t\,{}_tp_x\,\mu_{x+t}\,\mathrm{d}t $$

계산할 수 있다.

예제 8

상수 $c \geq 0$에 대해서 사력이 다음과 같이

$$\mu_x := c, \ x \geq 0$$

정의되어 있을 때, $\overline{A}^{1}_{x:\overline{n|}}$를 구하여라.

풀이

우선 [예제 1]의 결과에 따라

$${}_tp_x = e^{-ct}$$

이고, 이를 (식 6.12)에 적용하면

$$\overline{A}^{1}_{x:\overline{n|}} = \int_0^n v^t \, {}_tp_x \, \mu_{x+t} \, \mathrm{d}t = \frac{c}{c - \ln(v)} \left(1 - v^n \exp(-cn)\right)$$

을 얻는다.

6.3.2 생사혼합보험

정기보험 ($\overline{A}^{\,1}_{x:\overline{n}|}$)에서는 보험가입자가 n년 이내에 사망할 경우에만 사망 즉시 \$1를 지급하였고 보험가입자가 n년을 지나서 사망할 경우에는 보험금을 지급하지 않았다. 하지만 생사혼합보험(n−year endowment insurance)에서는 정기보험에서 보장해 주는 사망에 대한 보험금 이외에 n년 동안 생존했을 경우 $t=n$ 시점에서 1을 지급하는 옵션이 더해진 보험이고, 생사혼합보험에서 보험금(보험지급액)의 현가는

$$
\begin{aligned}
Z &= \begin{cases} v^{T_x}, & T_x \le n \\ v^n, & T_x > n \end{cases} \qquad \text{(식 6.13)} \\
&= v^{\min(T_x, n)}
\end{aligned}
$$

와 같이 구할 수 있다. 이에 대한 일시납 순보험료는 다음을 이용하여 계산할 수 있다.

$$
\begin{aligned}
\overline{A}_{x:\overline{n}|} &:= E[Z] \\
&= \int_0^n v^t f_x(t)\,\mathrm{d}t + \int_n^\infty v^n f_x(t)\,\mathrm{d}t \\
&= \int_0^n v^t\, {}_tp_x\, \mu_{x+t}\,\mathrm{d}t + v^n\, {}_np_x
\end{aligned}
$$

2장의 (식 2.11)과 같은 이치로, 위의 식을 통해

$$
\overline{A}_{x:\overline{n}|} = \overline{A}^{\,1}_{x:\overline{n}|} + \overline{A}_{x:\overset{\,1}{\overline{n}|}} \qquad \text{(식 6.14)}
$$

로 나타낼 수 있으며, 이때 $\overline{A}_{x:\overset{\,1}{\overline{n}|}} = A_{x:\overset{\,1}{\overline{n}|}}$ 임에 유의하자.

예제 9

상수 $c \ge 0$에 대해서 사력이 다음과 같이 정의되어 있을 때, $\overline{A}_{x:\overline{n}|}$를 구하여라.

$$
\mu_x := c, \qquad x \ge 0
$$

풀이

우선 [예제 8]의 결과에 따라

$$\overline{A}^{1}_{x:\overline{n|}} = \frac{c}{c-\ln(v)}\left(1 - v^{n}\exp(-cn)\right)$$

이고, 이를 (식 6.14)에 적용하면 다음의

$$\overline{A}_{x:\overline{n|}} = \frac{c}{c-\ln(v)}\left(1 - v^{n}\exp(-cn)\right) + v^{n}e^{-cn}$$

을 얻는다.

6.3.3 거치보험(m-year deferred insurance)

사망 시 1를 지급하는 m년 거치 종신보험의 현가는 다음과 같이 정의된다.

$$Z = \begin{cases} v^{T_x}, & T_x \geq m \\ 0, & T_x < m \end{cases}$$

이에 대한 일시납순보험료는

$$\begin{aligned} {}_{m|}\overline{A}_x &:= \boldsymbol{E}[Z] \\ &= \int_m^\infty v^t f_x(t)\,\mathrm{d}t \end{aligned}$$

로 정의된다. 여기에 $f_x(t) = {}_tp_x\,\mu_x(t)$임을 이용하면

$${}_{m|}\overline{A}_x = \int_m^\infty v^t\,{}_tp_x\,\mu_x(t)\,\mathrm{d}t$$

을 얻을 수 있다. 또한

$$\begin{aligned} {}_{m|}\overline{A}_x &= \int_m^\infty v^t f_x(t)\,\mathrm{d}t \qquad (\text{식 } 6.15) \\ &= \int_0^\infty v^t f_x(t)\,\mathrm{d}t - \int_0^m v^t f_x(t)\,\mathrm{d}t \\ &= \overline{A}_x - \overline{A}^{1}_{x:\overline{m|}} \end{aligned}$$

으로 표현이 가능하다. 여기서 마지막 등호는 (식 6.12)를 이용하였다.

예제 10

상수 $c \geq 0$에 대해서 사력이 다음의

$$\mu_x := c, \qquad x \geq 0$$

와 같이 정의되어 있을 때, ${}_{m|}\overline{A}_x$를 구하여라.

풀이

[예제 6]과 [예제 8]의 결과에 따라

$$\overline{A}_x = \frac{c}{c-\ln(v)} \text{와 } \overline{A}^{\,1}_{x:\overline{m|}} = \frac{c}{c-\ln(v)}(1-v^m \exp(-cm))$$

를 얻을 수 있고 이를 (식 6.15)에 적용하면

$${}_{m|}\overline{A}_x = \frac{c}{c-\ln(v)} v^m \exp(-cm)$$

을 얻는다.

6.4 연속생명연금(continuous life annuities)

6.4.1 연속종신생명연금(whole life annuity)

연속확정연금 $\overline{a}_{\overline{T|}}$는 매 순간 연속적으로 연간 1의 비율로 지급되는 연금의 현가로 정의된다. 이를 수학적으로 표시하면

$$\overline{a}_{\overline{T|}} = \int_0^T v^t \, dt$$
$$= \frac{1-v^T}{\delta}$$

로 표시할 수 있다.[7] 이와 비슷한 개념의 연속종신생명연금이란 연금가입자가 사망 시까

7) 여기서 $\delta := -\ln(v)$로 정의하자. δ는 Constant force of interest라고 불린다.

지 매 순간 연속적으로 연간 1의 비율로 지급되는 연금으로, 연금가입자 (x)에 대하여 현가 Z는 보험가입 후 사망시점까지의 시간 T_x의 함수로

$$\begin{aligned} Z &= \bar{a}_{\overline{T_x|}} \\ &= \frac{1-v^{T_x}}{\delta} \end{aligned}$$

와 같이 표현된다. 현가 Z는 확률변수이고 이에 대한 일시납순연금료는 다음의

$$\begin{aligned} \bar{a}_x &:= E\left[\bar{a}_{\overline{T_x|}}\right] \qquad \text{(식 6.16)} \\ &= \int_0^\infty \bar{a}_{\overline{t|}}\ {}_tp_x\ \mu_{x+t}\,\mathrm{d}t \end{aligned}$$

와 같이 계산될 수 있다. 또한 (정의 6.4)의 정의를 이용하여 다음 공식

$$\bar{a}_x = \frac{1-\bar{A}_x}{\delta} \qquad \text{(식 6.17)}$$

을 얻을 수 있다. 위의 (식 6.16)은

$$\begin{aligned} \bar{a}_x &= \int_0^\infty \bar{a}_{\overline{t|}} f_x(t)\,\mathrm{d}t \qquad \text{(식 6.16.A)} \\ &= -S_x(t)\frac{1-v^t}{\delta}\ \Big|_0^\infty + \int_0^\infty \bar{a}_{\overline{t|}} f_{T_x}(t)\,\mathrm{d}t \\ &= \int_0^\infty v^t S_x(t)\,\mathrm{d}t \\ &= \int_0^\infty v^t\ {}_tp_x\,\mathrm{d}t \end{aligned}$$

와 같이 간편하게 나타낼 수 있다.

예제 11

상수 $c \geq 0$에 대해서 사력이 다음과 같이

$$\mu_x := c, \qquad x \geq 0$$

정의되어 있을 때, $\bar{a}_x$를 구하여라.

풀이

우선 [예제 6]의 결과를 이용하면

$$\bar{A}_x = \frac{c}{c+\delta}$$

을 얻을 수 있고, 이를 (식 6.17)에 적용하면

$$\bar{a}_x = \frac{1}{c+\delta}$$

을 얻을 수 있다. (식 6.16) 혹은 (식 6.16.A)를 이용하여 계산하는 것도 해보길 바란다.

6.4.2 연속유기생명연금

n년 만기 연속유기생명연금(continuous n-year temporary life annuity)이란 매 순간 연속적으로 연간 $1의 비율로 지급되는 연금으로 연금가입자가 죽거나 n년이 될 때까지 지급하고, 연금가입자 (x)에 대하여 현가 Z는 다음의

$$Z = \begin{cases} \bar{a}_{\overline{T_x}|}, & T_x \le n \\ \bar{a}_{\overline{n}|}, & T_x > n \end{cases}$$

와 같이 주어진다. 이는

$$\begin{aligned} Z &= \bar{a}_{\overline{\min(T_x, n)}|} \\ &= \frac{1 - v^{\min(T_x, n)}}{\delta} \end{aligned}$$

와 같이 표현할 수 있고, 이를 이용하면 현가 Z에 대한 일시납순연금료 $\bar{a}_{x:\overline{n}|}$는

$$\begin{aligned} \bar{a}_{x:\overline{n}|} &:= E\left[\bar{a}_{\overline{\min(T_x, n)}|}\right] \qquad \text{(식 6.18)} \\ &= \frac{1 - E\left[v^{\min(T_x, n)}\right]}{\delta} \end{aligned}$$

와 같이 계산될 수 있다. 또한 (식 6.13)을 이용하여

$$\bar{a}_{x:\overline{n}|} = \frac{1-\bar{A}_{x:\overline{n}|}}{\delta} \qquad \text{(식 6.19)}$$

를 얻을 수 있고, 이는 이 장의 문제 풀이에서 가장 많이 쓰이는 공식 중 하나이다.

예제 12

상수 $c \geq 0$에 대해서 사력이 다음의

$$\mu_x := c, \qquad x \geq 0$$

와 같이 정의되어 있을 때, $\bar{a}_{x:\overline{n}|}$를 구하여라.

$$\bar{A}_{x:\overline{n}|} = \frac{c}{c-\ln(v)}(1-v^n\exp(-cn))+v^n e^{-cn}$$

풀이

먼저 $-\delta = \ln v$을 이용하면 $e^{-\delta} = v$임을 알 수 있고, 이와 [예제 9]의 결과를 이용하면 다음을 얻을 수 있고

$$\begin{aligned}\bar{A}_{x:\overline{n}|} &= \frac{c}{c+\exp(-cn)}(1-v^n\exp(-cn))+v^n e^{-cn} \\ &= \frac{c}{c+\delta}(1-\exp(-(c+\delta)n))+e^{-(c+\delta)n}\end{aligned}$$

이를 (식 6.19)에 적용하면

$$\bar{a}_{x:\overline{n}|} = \frac{1}{c+\delta}(1-\exp(-(c+\delta)n))$$

을 얻을 수 있다.

6.4.3 연속거치생명연금

n년 연속거치생명연금(continuous n−year deferred whole life annuity)이란 n년 후부터 연금가입자가 사망 시까지 매 순간 연속적으로 연간 1의 비율로 지급되는 연금으로, 연금가입자가 n년 이전에 사망 시에는 연금이 지급되지 않는다. 연금가입자 (x)에 대하여 현가 Z는 다음과 같이 주어진다.

$$Z = \begin{cases} 0, & T_x \le n \\ v^n \bar{a}_{\overline{T_x - n|}}, & T_x > n \end{cases} \quad \text{(식 6.20)}$$

현가 Z에 대한 일시납순연금료 ${}_{n|}\bar{a}_x := E[Z]$는

$${}_{n|}\bar{a}_x = v^n \ {}_n p_x \ \bar{a}_{x+n} \quad \text{(식 6.21)}$$

와 같이 계산될 수 있다. 이에 대한 증명은 다음의 예제로 남긴다.

예제 13

(식 6.21)을 증명하여라.

풀이

(식 6.20)을 이용하면

$$\begin{aligned} {}_{n|}\bar{a}_x &= E[Z] \\ &= v^n \int_n^\infty \bar{a}_{\overline{t-n|}} f_{T_x}(t)\,\mathrm{d}t \\ &= v^n \int_n^\infty \bar{a}_{\overline{t-n|}} \, {}_t p_x \, \mu_{x+t}\,\mathrm{d}t \end{aligned}$$

을 얻을 수 있고, 여기에 $t-n=s$로 치환하면

$$\begin{aligned} {}_{n|}\bar{a}_x &= v^n \int_0^\infty \bar{a}_{\overline{y|}} \, {}_{n+y} p_x \, \mu_{x+n+y}\,dy \\ &= v^n \, {}_n p_x \int_0^\infty \bar{a}_{\overline{y|}} \, {}_y p_{x+n} \, \mu_{x+n+y}\,\mathrm{d}y \\ &= v^n \, {}_n p_x \, \bar{a}_{x+n} \end{aligned}$$

을 얻을 수 있다. 위 식의 두 번째 등호는

$${}_{n+y} p_x = {}_n p_x \, {}_y p_{x+n}$$

을 이용하였고, 마지막 등호는 (식 6.16)을 이용하였다.

예제 14

상수 $c \geq 0$에 대해서 사력이

$$\mu_x := c, \qquad x \geq 0$$

와 같이 정의되어 있을 때, ${}_{n|}\bar{a}_x$를 구하여라.

풀이

우선 ${}_np_x = \exp(-cn)$이고, [예제 11]로부터 $\bar{a}_x = \dfrac{1}{c+\delta}$을 얻었다. 이들을 (식 6.21)에 대입하면

$$\begin{aligned} {}_{n|}\bar{a}_x &= v^n\ {}_np_x\ \bar{a}_{x+n} \\ &= \exp(-\delta n)\exp(-cn)\frac{1}{c+\delta} \\ &= \exp(-(\delta+c)n)\frac{1}{c+\delta} \end{aligned}$$

을 얻을 수 있다.

6.4.4 보증기간부 생명연금

n년 보증기간부 생명연금(continuous certain and life annuity)이란 매 순간 연속적으로 연간 1의 비율로 지급되는 연금이 연금가입자의 사망과 관계없이 n년까지는 보장되고 n년 후부터는 연금가입자 사망 시까지 지급되는 연금이다. 연금가입자 (x)에 대하여 현가 Z는

$$Z = \begin{cases} \bar{a}_{\overline{n|}}, & T_x \leq n \\ \bar{a}_{\overline{T_x|}}, & T_x > n \end{cases} \qquad (식\ 6.22)$$

와 같이 주어지고, 이는 다음과 같이 표현할 수도 있다.

$$Z = \bar{a}_{\overline{n|}} + Y \text{ 여기서 } Y = \begin{cases} 0, & T_x \leq n \\ \bar{a}_{\overline{T_x|}} - \bar{a}_{\overline{n|}}, & T_x > n \end{cases} \qquad (식\ 6.23)$$

현가 Z에 대한 일시납순연금료 $\bar{a}_{\overline{\overline{x:n|}}}$ 는

$$\begin{aligned}\bar{a}_{x:\overline{n}|} &= E[Z] \\ &= \int_0^n \bar{a}_{\overline{n}|} f_{T_x}(t)\,\mathrm{d}t + \int_n^\infty \bar{a}_{\overline{t}|} f_{T_x}(t)\,\mathrm{d}t \\ &= {}_nq_x\, \bar{a}_{\overline{n}|} + \int_n^\infty \bar{a}_{\overline{t}|}\, {}_tp_x\, \mu_{\mathrm{x}}(\mathrm{t})\,\mathrm{d}t\end{aligned}$$

로 계산될 수 있고, (식 6.23)을 사용하면 다음과 같은 관계식

$$\begin{aligned}\bar{a}_{x:\overline{n}|} &= \bar{a}_{\overline{n}|} + E[Y] \\ &= \bar{a}_{\overline{n}|} + {}_{n|}\bar{a}_x\end{aligned} \qquad \text{(식 6.24)}$$

을 얻을 수 있다. 여기서 두 번째 등호는 (식 6.20)의 Z와 (식 6.23)의 Y가 같음을 이용하였다.

예제 15

상수 $c \geq 0$에 대해서 사력이 다음과 같이 정의되어 있다.

$$\mu_x := c, \quad x \geq 0$$

이때 $\bar{a}_{x:\overline{n}|}$를 구하여라.

풀이

우선 [예제 14]의 결과를 이용하면

$${}_{n|}\bar{a}_x = \exp(-(\delta + c)n)\frac{1}{c+\delta}$$

을 얻을 수 있고, 이를 (식 6.24)에 대입하면

$$\begin{aligned}\bar{a}_{x:\overline{n}|} &= \bar{a}_{\overline{n}|} + {}_{n\,|}\,\bar{a}_x \\ &= \int_0^n \exp(-\delta t)\,\mathrm{d}t + {}_{n\,|}\,\bar{a}_x \\ &= \frac{1-v^n}{\delta} + \exp(-(\delta + c)n)\frac{1}{c+\delta}\end{aligned}$$

을 얻는다.

6.5 재귀식

이 절에서는 2.8절과 3.4절에서 배운 여러 재귀식들이 연속 가정하에서 어떻게 전개되는지 다시 살펴보고자 한다. 우선 종신 생명보험을 생각해 보자. 직관적으로 (x)가 종신 생명보험에 가입하는 것은 다음과 같은 전략과 똑같음을 알 수 있다. 즉, (x)는 t년짜리 정기보험에 가입하고, t년 살아남을 경우 $x+t$세가 되는데, 이때 종신 생명보험에 가입하면 된다. 이제 (x)가 가입한 종신 생명보험의 EPV, A_x는 (x)의 t년짜리 정기보험의 EPV, $A^{1}_{x:\overline{t|}}$과 t년 뒤 (x)가 생존하였을 때 $x+t$세에 가입한 종신 생명보험의 EPV, $v^t\,{}_tp_xA_{x+t}$의 합과 같다. 즉, $A_x = A^{1}_{x:\overline{t|}} + v^t\,{}_tp_xA_{x+t}$ 이다. 다음 [문제 1]에서 이를 수학적으로 증명한다.

문제 1 임의의 나이 x와 $t>0$이 주어졌을 때 다음을 증명하여라.

$$\overline{A}_x = \overline{A}^{1}_{x:\overline{s|}} + v^s\,{}_sp_x\overline{A}_{x+s}$$

문제 2 임의의 나이 x이 주어졌을 때, $t>s$에 대하여

$$\overline{A}_{x:\overline{t|}} = \overline{A}^{1}_{x:\overline{s|}} + v^s\,{}_sp_x\,\overline{A}_{x+s:\overline{t-s|}}$$

임을 보여라.

생명연금 관련한 재귀식들은 다음과 같다.

문제 3 $\bar{a}_x = \bar{a}_{x:\overline{t|}} + v^t \cdot {}_tp_x \cdot \bar{a}_{x+t}$ for $t>0$.

문제 4 $\bar{a}_{x:\overline{s|}} = \bar{a}_{x:\overline{t|}} + v^t \cdot {}_tp_x \cdot \bar{a}_{x+t:\overline{s-t|}}$ for $0<t<s$.

---

1 다음과 같이 정의된 정기기대여명

$$\mathring{e}_{x:\overline{n}|} = E[\min(T_x, n)]$$

에 대하여 다음을 보여라.

1) $\mathring{e}_{x:\overline{n}|} = \int_0^n {}_tp_x \, dt$

2) $Var(\min(T_x, n)) = 2\int_0^n t \, {}_tp_x \, dt - \left(\mathring{e}_{x:\overline{n}|}\right)^2$

2 [제46회 제1차 보험계리사 기출문제] 아래의 조건을 이용하여 $\bar{A}_{x:\overline{10}|}$을 구하여라.

(1) 모든 $x \geq 0$에 대하여 사력 $\mu_x = \mu$로 상수

(2) $\mathring{e}_x = 45$

(3) $\bar{A}_x = \frac{1}{4}$

3 [제46회 제1차 보험계리사 기출문제] 사력 $\mu_x = \frac{1}{3+x}$, $x \geq 0$일 때 ${}_4p_0$를 구하여라.

4 [제45회 제1차 보험계리사 기출문제] 이력이 $\delta = 0.02$이고 사력이

$$\mu_x = \begin{cases} 0.02, & x < 50; \\ 0.03, & x \geq 50; \end{cases}$$

일 때 $\bar{A}_{40}$을 구하여라.

5 [제45회 제1차 보험계리사 기출문제] 피보험자 (60)이 다음과 같은 20년 정기보험에 가입하였다.

(1) 사망 즉시 보험금 1을 지급
(2) Z는 사망보험금의 현재가치를 나타내는 확률변수
(3) (60)의 장래생존기간은 구간(0, 40)에서 균등분포를 따름
(4) 이력은 $\delta = 0.05$

이때 $P(Z \le 0.5)$을 구하여라.

6 [제45회 제1차 보험계리사 기출문제] 아래의 조건을 이용하여 $\bar{a}_{50}$을 구하여라.

(1) $\bar{a}_{50:\overline{20|}} = 12$
(2) $x \ge 70$에 대하여 사력 $\mu_x = 0.03$
(3) 이력 $\delta = 0.05$
(4) ${}_{20}p_{50} = 0.8$

1 (SOA 2007 May #24) For a three-year temporary life annuity due of 100 on (75), you are given:

(i) $\int_0^x \mu(t)\,dt = 0.01x^{1.2},\ x > 0$

(ii) $i = 0.01$

Calculate the actuarial present value of this annuity.

2 (SOA 2001 May #24) For a disability insurance claim:

(i) The claimant will receive payments at the rate of 20,000 per year, payable continuously as long as she remains disabled.

(ii) The length of the payment period in years is a random variable with the gamma distribution of mean 2 and variance 2.

(iii) Payments begin immediately.

(iv) $\delta = 0.05$

Calculate the actuarial present value of the disability payments at the time of disability.

3 (SOA 2005 May #7) Z is the present-value random variable for a whole life insurance of b payable at the moment of death of (x).
You are given:

(i) $\delta = 0.04$

(ii) $\mu_{x+t} = 0.02,\ t \geq 0$

(iii) The single benefit premium for this insurance is equal to $Var(Z)$.
Calculate b.

4 You are given
$\bar{A}_{40} = 0.4,\ \bar{A}_{40:\overline{10|}} = 0.7,\ \delta = 0.05$, and ${}_{10}p_{40} = 0.9$. Calculate $\bar{a}_{50}$.

제 7 장

월별 지급과 소수연령 분포가정 (continuous payments and assumptions for fractional ages)

제 7 장 월별 지급과 소수연령 분포가정 (continuous payments and assumptions for fractional ages)

이 장에서는 보험금이나 보험료가 월별로 지급되는 경우를 생각하고, 이에 따른 계산을 쉽게 하기 위한 여러 가지 가정에 대해 알아본다. 보험상품에 대한 본격적인 이야기에 앞서 새로운 기호의 도입이 필요하다.

7.1 월말지급확정연금(monthly payable annuity)

이 절에서는 1년이 m개월로 이루어졌다고 가정 하자. 연간실이율(effective rate of interest per year)을 i라고 가정할 때, 금액 1을 $t=0$시점에서 1개월 동안 은행에 보관하면 $t=\frac{1}{m}$시점에서의 누적 가치는 $(1+i)^{1/m}$이 된다.

예제 1

연간실이율 $i=0.06$이라고 하고 1년이 $m=2$개월로 이루어졌다고 가정하자. 이때 금액 1을 $t=0$시점에서 1개월간 저금하면 $t=\frac{1}{m}=\frac{1}{2}$ 시점에서의 누적 가치는 $(1+0.06)^{1/2}=1.0296$이 된다. 다시 말해, 1개월을 기본 단위로 생각하면 연간실이율 $i=0.06$는 월간실이율(effective rate of interest per month)로 생각하면 0.0296이 된다.

계속해서 연간실이율 i를 가정하고, 위의 [예제 1]을 일반화하면, 연간실이율 i는 월간실이율로 생각하면 $(1+i)^{1/m}-1$이 된다. 여기서 $t=\frac{1}{m}$시점에서의 누적 가치는 $(1+i)^{1/m}$를 이용하여 m회 지급명목이율(nominal rate of interest payable m −times) $i^{(m)}$을 다음 식으로부터 정의한다.

$$(1+i)^{1/m} = 1 + \frac{i^{(m)}}{m} \qquad \text{(정의 7.1)}$$

$i^{(m)}$을 간단히 명목이율이라 부르기로 하자.

예제 2

다음 물음에 답하여라.

1) $m = 12$에 대해서 명목이율 $i^{(m)} = 0.10$이 주어졌다고 할 때, 연간실이율 i를 구하여라.
2) $m = 4$에 대해서 연간실이율이 $i = 0.05$가 주어졌을 때, 여기에 해당하는 명목이율 $i^{(m)}$을 계산하여라.

풀이

1)의 풀이를 위해서, $m = 12$에 대해서 명목이율 $i^{(m)} = 0.10$이 주어졌다고 할 때, 금액 1은 1년($m = 12$개월) 뒤 아래와 같은 금액이 된다.

$$\left(1 + \frac{i^{(m)}}{m}\right)^m = 1.1047$$

따라서 연간실이율 $i = 0.1047$이 된다. 따라서 명목이율은 연간실이율과 큰 차이가 나지 않는 숫자임을 관찰할 수 있다.
이제 2)의 풀이를 위해 $m = 4$에 대해서 연간실이율이 $i = 0.05$가 주어졌다고 하자. (정의 7.1)을 이용하면 다음의 식을 얻을 수 있고,

$$1.05 = \left(1 + \frac{i^{(m)}}{m}\right)^m$$

따라서

$$i^{(m)} = m\left((1.05)^{1/m} - 1\right) = 0.0491.$$

따라서 명목이율은 연간실이율과 큰 차이가 나지 않는 숫자임을 다시 한번 관찰할 수 있다.

연간실이율 i를 가정했을 때, $t=\frac{1}{m}$ 시점에서 입금된 금액 1의 $t=0$ 시점에서의 현재 가치는

$$v^{1/m}=(1-d)^{1/m}$$

가 된다. 이를 이용하여 명목이율과 비슷한 방법으로 $d^{(m)}$을 다음 식으로부터 정의한다.

$$(1-d)^{1/m}=1-\frac{d^{(m)}}{m} \qquad \text{(정의 7.2)}$$

예제 3

다음 물음에 답하여라.

1) $m=12$이고 연간실이율이 $i=0.05$로 주어졌다고 할 때, 여기에 대응되는 $d^{(m)}$을 구하여라.
2) $m=4$에 대해서 $d^{(m)}=0.05$가 주어졌을 때, 여기에 해당하는 d를 계산하여라.
3) $d^{(4)}=0.05$에 대응하는 $i^{(4)}$를 계산하여라.

풀이

우선 1)의 풀이를 위해 $m=12$이고 연간실이율이 $i=0.05$로 주어졌다고 하자. $i=0.05$으로부터 다음을 얻을 수 있다.

$$1-d=v=\frac{1}{1.05}$$

이제 (정의 7.2)로부터

$$\left(\frac{1}{1.05}\right)^{1/m}=1-\frac{d^{(m)}}{m}$$

을 얻을 수 있고, 이로부터

$$d^{(m)}=m\left(1-\left(\frac{1}{1.05}\right)^{1/m}\right)=0.0487$$

을 얻을 수 있다.

이제 2)의 풀이를 위해 (정의 7.2)를 사용하면 다음과 같이 쉽게 d를 계산할 수 있다.

$$d = 1 - \left(1 - \frac{d^{(m)}}{m}\right)^m = 0.4907$$

마지막으로 3)은 다음의 두 식

$$v = \left(1 - \frac{d^{(4)}}{4}\right)^4 \qquad \text{그리고} \qquad v = \frac{1}{\left(1 + \frac{i^{(4)}}{4}\right)^4}$$

을 이용하면

$$i^{(4)} = 4\left(\frac{1}{1 - d^{(4)}/4} - 1\right) = 0.0506$$

을 얻을 수 있다.

2장에서 n년 동안 매년 초에 금액 1을 지급하는 연금의 현재가치는 다음과 같음을 학습하였다.

$$\ddot{a}_{\overline{n|}} = \frac{1 - v^n}{d}$$

비슷한 방법으로 n년 동안 매월 초에 금액 $\frac{1}{m}$을 지급하는 연금의 현재가치는 다음과 같이 정의된다.

$$\ddot{a}_{\overline{n|}}^{(m)} = \frac{1}{m}\left(1 + v^{1/m} + v^{2/m} + \cdots + v^{(nm-1)/m}\right) \qquad \text{(정의 7.3)}$$

이때 연금의 총지급횟수는 nm번임과 1회 지급하는 금액은 1이 아닌 $\frac{1}{m}$에 유의하자. 또한 n년 동안 매월 말에 금액 $\frac{1}{m}$을 지급하는 연금의 현재가치는 다음과 같이 정의된다.

$$a_{\overline{n|}}^{(m)} = \frac{1}{m}\left(v^{1/m} + v^{2/m} + \cdots + v^{nm/m}\right) \qquad \text{(정의 7.4)}$$

예제 4

(정의 7.3)에서 정의된 n년 동안 매월 초에 금액 $\frac{1}{m}$을 지급하는 연금의 현재가치는 다음과 같이 나타낼 수 있음을 보여라.

$$\ddot{a}_{\overline{n|}}^{(m)} = \frac{1-v^n}{d^{(m)}}$$

풀이

우선 (정의 7.2)로부터 다음 식을 얻어 낼 수 있다.

$$1-\frac{d^{(m)}}{m} = (1-d)^{1/m} = v^{1/m} \qquad \text{(식 7.1)}$$

이제 n년 동안 매월 초에 금액 $\frac{1}{m}$을 지급하는 연금의 현재가치는

$$\begin{aligned}\ddot{a}_{\overline{n|}}^{(m)} &= \frac{1}{m}\left(1+v^{1/m}+v^{2/m}+\cdots+v^{(nm-1)/m}\right)\\ &= \frac{1}{m}\,\frac{1-v^n}{1-v^{1/m}}\\ &= \frac{1-v^n}{d^{(m)}}\end{aligned}$$

로 계산될 수 있다. 여기서 두 번째 등호는 등비수열의 합으로부터 그리고 마지막 등호는 (식 7.1)로부터 얻어 낼 수 있다.

예제 5

(정의 7.4)에서 정의된 n년 동안 매월 말에 금액 $\frac{1}{m}$을 지급하는 연금의 현재가치는 다음과 같이 나타낼 수 있음을 보여라.

$$a_{\overline{n|}}^{(m)} = \frac{1-v^n}{i^{(m)}}$$

풀이

n년 동안 매월 말에 금액 $\frac{1}{m}$을 지급하는 연금의 현재가치는

$$\begin{aligned} a_{\overline{n}|}^{(m)} &= \frac{1}{m}\left(v^{1/m} + v^{2/m} + \cdots + v^{nm/m}\right) \\ &= \frac{1}{m} v^{1/m} \frac{1-v^n}{1-v^{1/m}} \\ &= \frac{1-v^n}{m\left((1+i)^{1/m}-1\right)} \\ &= \frac{1-v^n}{i^{(m)}} \end{aligned}$$

로 계산될 수 있다. 여기서 두 번째 등호는 등비수열의 합으로부터, 마지막 등호는 (정의 7.1)을 사용하여 얻을 수 있다.

예제 6

연간실이율이 $i=0.05$로 주어졌다고 할 때, 매월 초($m=12$) 금액 100을 5년 동안 받는 연금이 있다고 할 때 이 연금의 현재가치를 구하여라.

풀이

우선 (정의 7.2)를 사용하면

$$d^{(m)} = m\left(1-\left(\frac{1}{1.05}\right)^{1/m}\right) = 0.0487$$

을 구할 수 있다. 또한 매월 초 금액 $\frac{1}{m} = \frac{1}{12}$을 5년 동안 받는 연금의 현재가치는

$$\begin{aligned} \ddot{a}_{\overline{5}|}^{(12)} &= \frac{1-v^5}{d^{(12)}} \\ &= \frac{1-\left(\frac{1}{1.05}\right)^5}{d^{(12)}} \\ &= \frac{1-\left(\frac{1}{1.05}\right)^5}{0.0487} \\ &= 4.445 \end{aligned}$$

이므로 매월 초 100을 5년 동안 받는 연금의 현재가치는 다음과 같이 구할 수 있다.

$$100 \times 12 \times \ddot{a}_{\overline{5|}}^{(12)} = 5334.06$$

예제 7

$i^{(4)} = 0.05$로 주어졌다고 할 때, 매 분기 초에($m = 4$) 금액 5를 2년 동안 받는 연금이 있다고 할 때 이 연금의 현재가치를 구하여라.

풀이

(정의 7.1)과 (정의 7.2)를 이용하면 다음을 얻을 수 있다.

$$1 + \frac{i^{(4)}}{4} = \frac{1}{1 - \frac{d^{(4)}}{4}}$$

이를 이용하면

$$d^{(4)} = 4\left(1 - \left(1 + \frac{i^{(4)}}{4}\right)^{-1}\right) = 0.0494$$

을 얻을 수 있다. 또한 (정의 7.1)을 이용하면

$$\begin{aligned} \frac{1}{v} &= 1 + i \\ &= \left(1 + \frac{i^{(4)}}{4}\right)^4 \\ &= 1.0509 \end{aligned}$$

이 된다. 한편, 매월 초 금액 $\frac{1}{m} = \frac{1}{4}$을 2년 동안 받는 연금의 현재가치는

$$\begin{aligned} \ddot{a}_{\overline{2|}}^{(4)} &= \frac{1 - v^2}{d^{(4)}} \\ &= \frac{1 - \left(\frac{1}{1.0509}\right)^2}{0.0494} \\ &= 1.9157 \end{aligned}$$

이다. 따라서 매월 초 금액 5를 2년 동안 받는 연금의 현재가치는

$$5 \times 2 \times \ddot{a}_{\overline{2}|}^{(4)} = 19.157$$

로 구할 수 있다.

7.2 월말지급보험금(monthly payable insurance)

이 절에서는 보험가입자의 사망시점에 해당하는 월(month)말에 1를 지급하는 보험을 생각하자.

예제 8

이 예제에서는 설명의 편의상 1년은 10개월(m=10)로 이루어져 있다고 하자. 예를 들어 만약 $T_x = 1.74$라고 하면 사망 연말 보험금이 지급되는 종신 생명연금(A_x)의 경우 보험금 1의 지급 시점은 사망시점이 속한 해의 연말인 $t=2$이다. 하지만 사망시점에 해당하는 월(month)말에 1를 지급하는 보험의 경우 보험금 1의 지급 시점은 $t=1.8$이 된다. 또한 $T_x = 1.80$인 경우에도 보험금의 지급 시점은 $t=1.8$이 된다.

위의 예제를 일반화하여 1년이 m개월로 이루어졌다고 할 때, $K_x^{(m)}$을 사망시점 T_x가 속한 달의 시작일(beginning of the month)이라고 하면 $K_x^{(m)}$는

$$K_x^{(m)} := \frac{1}{m}[m \cdot T_x]$$

와 같이 나타낼 수 있고, 여기서 $[t]$는 t를 넘지 않는 최대정수로 정의된다. 예를 들어 $T_x = 1.34$인 경우

$$K_x^{(10)} = \frac{1}{10}[10 \cdot 1.34] = \frac{1}{10}[13.4] = \frac{1}{10}13 = 1.3$$

그리고

$$K_x^{(12)} = \frac{1}{12}[12 \cdot 1.34] = \frac{1}{12}[16.08] = \frac{1}{12}16$$

과 같이 계산된다. 임의의 $k = \frac{0}{m}, \frac{1}{m}, \frac{2}{m}, \cdots$에 대하여 다음의 유용한 공식인

$$P\left(K_x^{(m)} = k\right) = P\left(k \leq T_x < k + \frac{1}{m}\right)$$
$$= {}_{k|1/m}q_x$$

을 얻을 수 있다. 물론 위 식은 ${}_{k\,|\,1/m}q_x = {}_kp_x\ {}_{1/m}q_{x+k}$을 사용하여 계산할 수도 있다.

보험가입자의 사망시점에 해당하는 월(month)말에 1을 지급하는 보험의 경우 보험금의 지급 시점은

$$t = K_x^{(m)} + \frac{1}{m}$$

이 되고 이 보험금의 현가 Z는

$$Z = v^{K_x^{(m)} + \frac{1}{m}} \tag{식 7.2}$$

와 같이 나타낼 수 있다. 이에 해당하는 일시납 순보험료 $A_x^{(m)}$는

$$A_x^{(m)} = E[Z] \tag{식 7.3}$$
$$= \sum_{j=0}^{\infty} v^{\frac{j}{m} + \frac{1}{m}} P\left(K_x^{(m)} = \frac{j}{m}\right)$$
$$= \sum_{j=0}^{\infty} v^{\frac{j+1}{m}}\ {}_{j/m|1/m}q_x$$

와 같이 나타낼 수 있다.

보험가입자의 사망시점($t = T_x$)까지 $\frac{1}{m}$월초에 을 지급하는 연금의 경우 마지막 지급시점은 $t = K_x^{(m)}$이 된다. 따라서 이 연금의 현가 Y는

$$Y = \frac{1}{m}\left(1 + v^{1/m} + v^{2/m} + \cdots + v^{K_x^{(m)}}\right)$$
$$= \frac{1 - v^{K_x^{(m)} + 1/m}}{d^{(m)}}$$

와 같이 나타낼 수 있다. 이에 해당하는 일시납 순보험료를 $\ddot{a}_x^{(m)}$이라 하자. (식 7.2)에서 정의된 Z를 이용하면, 순보험료 $\ddot{a}_x^{(m)}$는 다음과 같이

$$\ddot{a}_x^{(m)} = E[Y] \quad \text{(식 7.4)}$$

$$= \frac{1 - E[v^Z]}{d^{(m)}}$$

$$= \frac{1 - A_x^{(m)}}{d^{(m)}}$$

나타낼 수 있다.

예제 9

생존확률이

$$_{1/2}p_{x+j/2} = \frac{1}{2}, \quad j = 0, 1, 2, \cdots$$

와 같이 주어지고 $v = 1/4$가 주어졌을 때, 월말 지급보험금 1에 대한 일시납순보험료 $A_x^{(2)}$를 계산하여라. 또한 $\ddot{a}_x^{(2)}$도 계산하여라.

풀이

$m = 2$라고 하고, (식 7.3)를 사용하면

$$A_x^{(m)} = \sum_{j=0}^{\infty} v^{\frac{j+1}{m}} \;_{j/m}p_x \;_{1/m}q_{x+j/m}$$

$$= \sum_{j=0}^{\infty} \left(\frac{1}{4}\right)^{\frac{j+1}{2}} \left(\frac{1}{2}\right)^j \frac{1}{2}$$

$$= \sum_{j=0}^{\infty} \left(\frac{1}{4}\right)^{j+1} = \frac{1}{3}$$

을 얻을 수 있다. 이제 (정의 7.2)로부터

$$d^{(2)} = 2(1 - v^{1/2}) = 1$$

을 얻고 (식 7.4)로부터

$$\ddot{a}_x^{(2)} = \frac{1 - A_x^{(2)}}{d^{(2)}} = \frac{2}{3}$$

를 얻을 수 있다. (여기서 $d^{(2)}=1$이 나왔는데 1이라는 숫자에 큰 의미를 둘 필요는 없다.)

7.3 월말지급정기보험금(monthly payable term insurance)

1년을 m개월로 나누고 n년 이내 사망 시 1를 지급하는 보험의 현가를

$$Z=\begin{cases} v^{K_x^{(m)}+\frac{1}{m}}, & T_x < n \\ 0, & T_x \geq n \end{cases}$$

와 같이 정의하고 이에 대한 일시납 순보험료 $A^{1\,(m)}_{x:\overline{n|}}$는 다음과 같이 계산할 수 있다.

$$\begin{aligned} A^{1\,(m)}_{x:\overline{n|}} &= E[Z] \\ &= \sum_{j=0}^{mn-1} v^{\frac{j}{m}+\frac{1}{m}} P\left(K_x^{(m)}=\frac{j}{m}\right) \\ &= \sum_{j=0}^{mn-1} v^{\frac{j+1}{m}} {}_{j/m\,|\,1/m}q_x \\ &= \sum_{j=0}^{mn-1} v^{\frac{j+1}{m}} {}_{j/m}p_x \; {}_{1/m}q_{x+j/m} \end{aligned}$$

비슷한 방법으로, 1년을 m개월로 나누고 n년 이내 사망 시 1을 지급하고 n년 생존 시 1을 지급하는 보험의 현가를 다음과 같이 나타낼 수 있고

$$Z=\begin{cases} v^{K_x^{(m)}+\frac{1}{m}}, & T_x < n \\ v^n, & T_x \geq n \end{cases}$$

이는

$$Z=v^{\min\left(K_x^{(m)}+\frac{1}{m},\,n\right)} \qquad \text{(식 7.5)}$$

로도 간단히 나타낼 수 있다. 이에 대한 일시납 순보험료 $A^{(m)}_{x:\overline{n|}}$는 다음과 같이 계산할 수 있다.

$$A^{(m)}_{x:\overline{n|}} = A^{1\,(m)}_{x:\overline{n|}} + {}_np_x v^n$$

예제 10

[예제 9]의 조건에서, 월말지급정기보험금 1에 대한 일시납순보험료 $A^{1\,(2)}_{x:\overline{3|}}$를 계산하여라.

풀이

정의를 이용하여

$$A^{1\,(2)}_{x:\overline{3|}} = \sum_{j=0}^{4-1} v^{\frac{j+1}{2}}\ {}_{j/2}p_x\ {}_{1/2}q_{x+j/2}$$

$$= v^{1/2}\ {}_{1/2}q_x + v^{2/2}\ {}_{1/2}p_x\ {}_{1/2}q_{x+1/2} \cdots + v^{6/2}\ {}_{5/2}p_x\ {}_{1/2}q_{x+5/2}$$

$$= \left(\frac{1}{4}\right)^{1/2}\frac{1}{2} + \left(\frac{1}{4}\right)^{2/2}\frac{1}{2}\frac{1}{2} + \cdots + \left(\frac{1}{4}\right)^{6/2}\left(\frac{1}{2}\right)^5\frac{1}{2}$$

$$= \frac{1}{4}\frac{1-(1/4)^6}{1-1/4}$$

$$= 0.333$$

을 얻을 수 있다.

보험가입자의 사망시점($t = T_x$)까지 $\frac{1}{m}$을 월초에 지급하는 연금과 비슷한 방법으로 n년 동안 월초에 $\frac{1}{m}$을 지급하는 연금을 고려하자. 이 연금의 경우 최대 nm번 지급이 가능하고 이 연금의 현가 Y는

$$Y = \frac{1}{m}\left(1 + v^{1/m} + v^{2/m} + \cdots + v^{\frac{\min\left(mK_x^{(m)},\, nm-1\right)}{m}}\right)$$
$$= \frac{1 - v^{\min\left(K_x^{(m)} + 1/m,\, n\right)}}{d^{(m)}}$$

와 같이 나타낼 수도 있다. 이에 해당하는 일시납 순보험료를 $\ddot{a}^{(m)}_{x:\overline{n|}}$으로 나타내자. 위의 (식 7.5)에서 정의된 Z를 이용하면, 순보험료 $\ddot{a}^{(m)}_{x:\overline{n|}}$는 다음과 같이

$$\ddot{a}_{x:\overline{n|}}^{(m)} = \frac{1 - E\left[v^{\min\left(K_x^{(m)} + 1/m,\, n\right)}\right]}{d^{(m)}}$$

$$= \frac{1 - E\left[v^{Z}\right]}{d^{(m)}}$$

$$\equiv \frac{1 - A_{x:\overline{n|}}^{(m)}}{d^{(m)}}$$

나타낼 수 있다.

(문제 3) 다음 식을 보여라.

$$\ddot{a}_x^{(m)} = \ddot{a}_{x:\overline{n|}}^{(m)} + v^n \cdot {}_np_x \cdot \ddot{a}_{x+n}^{(m)}$$

Hint: 3.4장 재귀식 부분을 참조하면 된다.

7.4 소수연령분포가정(assumptions for fractional ages)

앞장에서는 정수연령 (x) 및 정수 k에 대한 생존관련 함수들 ${}_kp_x$와 ${}_kq_x$ 등을 공부하였다. 하지만 이 장에서 살펴본 바와 같이 정수가 아닌 t에 대해서 생존관련 함수들

$${}_tp_x \text{와 } {}_tq_x$$

등에 관심이 있을 수 있다. 하지만 대부분의 경우 생존분포가 함수로 주어지기보다는 [표 1.1]과 같이 정수년에 대한 정보만 제공하기 때문에, 정수가 아닌 t에 대해서 생존 관련 함수들을 계산하기 위해서는 소수년의 생존분포에 대한 분포가정이 필요하다. 다음은 가장 많이 쓰이는 두 가지 소수연령분포가정을 정리하였다.

가정 1

UDD(Uniform Distribution of Deaths) 가정하에서는 정수 x와 $t \in [0,1)$에 대하여

$${}_tq_x = t \cdot q_x$$

을 가정한다.

가정 2

상수사력(constant force of mortality) 가정하에서는 정수 x와 $t \in [0,1)$에 대하여

$$ {}_tq_x = 1-(p_x)^t $$

을 가정한다.

정리 1

UDD 가정하에서, 정수 x와 $t \in [0,1)$에 대하여, 사력은

$$ \begin{aligned} \mu_{x+t} &= \frac{\frac{\mathrm{d}}{\mathrm{d}t}\,{}_tq_x}{{}_tp_x} \\ &= \frac{\frac{\mathrm{d}}{\mathrm{d}t}t \cdot q_x}{1-t \cdot q_x} \\ &= \frac{q_x}{1-t \cdot q_x} \end{aligned} $$

와 같이 계산되고, 상수사력 가정하에서 사력은

$$ \begin{aligned} \mu_{x+t} &= \frac{\frac{\mathrm{d}}{\mathrm{d}t}\,{}_tq_x}{{}_tp_x} \\ &= \frac{\frac{\mathrm{d}}{\mathrm{d}t}\left(1-(p_x)^t\right)}{(p_x)^t} \\ &= -\ln(p_x) \end{aligned} \qquad \text{(식 7.6)} $$

과 같이 계산된다.

(식 7.6)를 보면 정수 x에 대해서 사력 $\mu_x(t)$은 $t \in [0,1)$에 대해서 상수임을 알 수 있고 이로부터 [가정 2]의 '상수사력'이라는 이름이 유래되었음을 알 수 있다. 또한 UDD 가정하에서, 정수 x에 대하여 보험가입자 (x)의 잔여수명 T_x의 확률분포함수는

$$f_x(t) = \frac{\partial}{\partial t}\, {}_tq_x \ , \ t \in [0,1) \qquad \text{(식 7.7)}$$

$$= q_x$$

와 같이 계산되고, 상수사력 가정하에서 T_x의 잔여수명의 확률분포함수는

$$f_x(t) = \frac{\partial}{\partial t}\, {}_tq_x \qquad , \ t \in [0,1) \qquad \text{(식 7.8)}$$

$$= -(p_x)^t \ln(p_x)$$

과 같이 계산된다.

정수 x와 $t \in [0,1]$에 대하여 (x)의 잔여수명 T_x를 정수여명 K_x를 사용하여

$$T_x = K_x + R_x, \text{ 여기서 } R_x := T_x - K_x$$

와 같이 나타낼 수 있다.

가정 3

정수 x와 $t \in [0,1)$에 대하여 (x)의 잔여수명 T_x를 정수여명 K_x를 사용하여

$$T_x = K_x + R_x$$

와 같이 나타내고,

i. $R_x \sim Unif(0,1)$

ii. R_x와 K_x는 독립이다.

을 가정하자.

정리 2

[가정 1]과 [가정 3]은 동치이다.

증명

우선 [가정 1]을 가정하자. k를 음이 아닌 정수라고 하고, $s \in [0,1)$에 대해서 다음을

$$P(T_x = k+s) = P(K_x = k, R_x = s)$$
$$= P(R_x = s \mid K_x = k)P(K_x = k)$$

얻을 수 있다. 이를 이용하면

$$P(T_x = k+s) = {}_s q_{x+k} \cdot {}_k p_x$$
$$= s \cdot q_{x+k} \cdot {}_k p_x$$
$$= s \cdot {}_{k|}q_x$$
$$= P(R_x \le s)P(K_x = k)$$

을 얻을 수 있고, 이는 [가정 3]을 의미한다(여기서 두 번째 등호는 [가정 1]로부터 얻어졌다). 이제 반대 방향을 증명하기 위해 [가정 3]을 가정하자. $s \in [0,1)$에 대해서

$${}_s q_x = P(T_x \le s)$$
$$= P(K_x = 0, R_x \le s)$$
$$= P(K_x = 0)P(R_x \le s)$$
$$= q_x s$$

을 얻을 수 있고, 이는 [가정 1]을 의미한다(여기서 세 번째 등호는 K_x와 R_x의 독립에서 얻어지고, 네 번째 등호는 $R_x \sim Unif(0,1)$에서 얻어진다).

예제 11

음이 아닌 정수 x에 대하여 UDD([가정 1])을 사용하여 다음을 보여라.

1) $\mathring{e}_x = e_x + \frac{1}{2}$

2) $Var(T_x) = Var(K_x) + \frac{1}{12}$

풀이

우선 $T_x = K_x + R_x$임을 이용하여

$$\mathring{e}_x = E[K_x + R_x]$$
$$= E[K_x] + E[R_x]$$
$$= e_x + \frac{1}{2}$$

을 얻을 수 있고(여기서 마지막 등호는 UDD 가정([가정 3]의 i)에서 얻어진다)

$$Var(T_x) = Var(K_x) + Var(R_x)$$
$$= Var(K_x) + \frac{1}{12}$$

을 얻을 수 있다(여기서 마지막 등호는 UDD 가정([가정 3]의 i 과 ii)에서 얻어진다).

예제 12

UDD([가정 1])과 다음과 같이 주어진 생명표

$$p_x = 0.8,\ p_{x+1} = 0.7,\ p_{x+2} = 0.5$$

를 이용하여 다음을 계산하여라(단, x는 음이 아닌 정수이다).

1) ${}_{0.2}q_{x+0.2}$

2) ${}_{1.2}q_{x+0.4}$

풀이

위의 계산은

$${}_{0.2}q_{x+0.2} = 1 - {}_{0.2}p_{x+0.2}$$
$$= 1 - \frac{{}_{0.4}p_x}{{}_{0.2}p_x}$$
$$= 1 - \frac{1 - {}_{0.4}q_x}{1 - {}_{0.2}q_x}$$
$$= 1 - \frac{1 - 0.4 \cdot q_x}{1 - 0.2 \cdot q_x}$$
$$= 0.0417$$

와 같이 얻어진다. 여기서 네 번째 등호는 UDD 가정에서 얻어진다. 또한, 비슷한 방법으로

$$
\begin{aligned}
{}_{1.2}q_{x+0.4} &= 1 - {}_{1.2}p_{x+0.4} \\
&= 1 - \frac{{}_{1.6}p_x}{{}_{0.4}p_x} \\
&= 1 - \frac{p_x \; {}_{0.6}p_{x+1}}{{}_{0.4}p_x} \\
&= 1 - \frac{p_x(1 - {}_{0.6}q_{x+1})}{1 - {}_{0.4}q_x} \\
&= 1 - \frac{p_x(1 - 0.6 \cdot q_{x+1})}{1 - 0.4 \cdot q_x} \\
&= 0.2870
\end{aligned}
$$

를 얻을 수 있고, 다섯 번째 등호는 UDD 가정으로부터 얻어졌다.

예제 13

상수사력([가정 2])과 다음과 같이 주어진 생명표

$$p_x = 0.8, \; p_{x+1} = 0.7, \; p_{x+2} = 0.5$$

를 이용하여 다음을 계산하여라(단, x는 음이 아닌 정수이다).

1) ${}_{0.2}q_{x+0.2}$

2) ${}_{1.2}q_{x+0.4}$

풀이

위의 계산은

$$
\begin{aligned}
{}_{0.2}q_{x+0.2} &= 1 - {}_{0.2}p_{x+0.2} \\
&= 1 - \frac{{}_{0.4}p_x}{{}_{0.2}p_x} \\
&= 1 - \frac{(p_x)^{0.4}}{(p_x)^{0.2}} \\
&= 0.0436
\end{aligned}
$$

와 같이 얻어진다. 여기서 세 번째 등호는 상수사력 가정에서 얻어진다. 또한, 비슷한 방법으로

$$
\begin{aligned}
{}_{1.2}q_{x+0.4} &= 1 - {}_{1.2}p_{x+0.4} \\
&= 1 - \frac{{}_{1.6}p_x}{{}_{0.4}p_x} \\
&= 1 - \frac{p_x \; {}_{0.6}p_{x+1}}{{}_{0.4}p_x} \\
&= 1 - \frac{p_x (p_{x+1})^{0.6}}{(p_x)^{0.4}} \\
&= 0.2938
\end{aligned}
$$

를 얻을 수 있고, 네 번째 등호는 상수사력 가정에서 얻어졌다.

7.5 UDD 소수연령분포가정하에서의 전환공식(Transformation formulas under assumptions for UDD fractional ages)

정리 3

음이 아닌 정수 x에 대하여 UDD([가정 1])하에

$$\overline{A}_x = \frac{i}{\delta} A_x \qquad (식\ 7.9)$$

이 성립한다. (여기서 $\delta := -\ln(v)$로 정의하자. δ는 Constant force of interest라고 불린다.)

증명

$T_x = K_x + R_x$를 이용하여

$$\begin{aligned}\overline{A}_x &= E\left[v^{T_x}\right] \\ &= E\left[v^{(K_x+1)+(R_x-1)}\right] \\ &= E\left[v^{(K_x+1)}\right]E\left[v^{(R_x-1)}\right] \\ &= A_x \int_0^1 v^{t-1}\,\mathrm{d}t \\ &= A_x \frac{-i}{\ln v} \\ &= A_x \frac{i}{\delta}\end{aligned}$$

을 얻을 수 있다(여기서 세 번째 등호는 [가정 1]의 i로부터 얻어지고 네 번째 등호는 [가정 1]의 ii, 즉, $R_x \sim Unif(0,1)$임을 이용하였다).

정리 4

한계나이가 w임을 가정할 때, 음이 아닌 정수 x에 대하여 UDD([가정 1])하에

$$A_x^{(m)} = \frac{i}{i^{(m)}} A_x \quad \text{(식 7.10)}$$

이 성립한다.

증명

우선 가정에 상관없이 다음과 같은 A_x에 관한 재귀식

$$A_x = vq_x + vp_x A_{x+1} \quad \text{(식 7.11)}$$

과

$$A_x^{(m)} = A_{x:\overline{1}|}^{1\,(m)} + vp_x A_{x+1}^{(m)} \quad \text{(식 7.12)}$$

이 성립함을 알아 두자. 이제 UDD([가정 1])하에

$$A_{x:\overline{1|}}^{1(m)} = \sum_{j=0}^{m-1} v^{(j+1)/m} \; {}_{j/m\,|\,1/m}q_x$$

$$= \sum_{j=0}^{m-1} v^{(j+1)/m} \left({}_{j/m}p_x - {}_{(j+1)/m}p_x \right)$$

$$= q_x \frac{1}{m} \sum_{j=0}^{m-1} v^{(j+1)/m}$$

$$= q_x \, a_{\overline{1|}}^{(m)}$$

$$= q_x \frac{iv}{i^{(m)}}$$

을 얻을 수 있고 이를 (식 7.12)에 대입하면 다음의

$$A_x^{(m)} = vq_x \frac{i}{i^{(m)}} + vp_x A_{x+1}^{(m)} \qquad \text{(식 7.13)}$$

을 얻는다. (식 7.13)의 양변에 $\dfrac{i^{(m)}}{i}$를 곱해주면 다음의 식을

$$\frac{i^{(m)}}{i} A_x^{(m)} = vq_x + vp_x \left(\frac{i^{(m)}}{i} A_{x+1}^{(m)} \right) \qquad \text{(식 7.14)}$$

얻을 수 있다. 이제 A_x와 $\dfrac{i^{(m)}}{i} A_x^{(m)}$을 비교하면, 다음과 같이 $x = \omega - 1$에서 같은 값을 가지고

$$A_{\omega - 1} = v$$

와

$$\frac{i^{(m)}}{i} A_{\omega-1}^{(m)} = \frac{i^{(m)}}{i} A_{w-1:\overline{1|}}^{1\ (m)}$$

$$= \frac{i^{(m)}}{i} \left(q_{w-1} v \frac{i}{i^{(m)}} \right)$$

$$= v$$

같은 재귀식((식 7.11), (식 7.14))을 가지므로 다음과 같은

$$A_x = \frac{i^{(m)}}{i} A_x^{(m)}$$

결과를 얻을 수 있다.

EXCEL 예제 1

UDD([가정 1])을 사용하여 $A^{1\ \ (12)}_{33:\overline{47|}}$을 계산하여라.

풀이

EXCEL을 이용하여

$$\begin{aligned} A_{33} &:= \sum_{k=0}^{\infty} v^{k+1}{}_{k\,|}\,q_{33} \\ &= q_{33}v^1 + p_{33}q_{34}v^2 + {}_2p_{33}q_{35}v^3 + \cdots \\ &= 0.2426 \end{aligned}$$

과

$$\begin{aligned} A_{80} &:= \sum_{k=0}^{\infty} v^{k+1}{}_{k\,|}\,q_{80} \\ &= q_{80}v^1 + p_{80}q_{81}v^2 + {}_2p_{80}q_{82}v^3 + \cdots \\ &= 0.7513 \end{aligned}$$

을 계산한다. 이제 A_{33}와 A_{80}에 (식 7.10)을 사용하면 $A_{33}^{(12)} = 0.2491$와 $A_{80}^{(12)} = 0.7717$을 구할 수 있고, 다음의 식을 사용하여 답

$$A^{1\ \ (12)}_{33:\overline{47|}} = A_{33}^{(12)} - v^{47}\ {}_{47}p_{33}A_{80}^{(12)} = 0.2428$$

을 구할 수 있다.

정리 5

한계 나이가 w임을 가정할 때, 음이 아닌 정수 x에 대하여 UDD(가정 1)하에

$$\ddot{a}_x^{(m)} = \alpha(m)\ddot{a}_x - \beta(m) \qquad \text{(식 7.15)}$$

이 성립한다. 여기서 $\alpha(m)$과 $\beta(m)$은 다음과 같이 정의된다.

$$\alpha(m) := \frac{id}{i^{(m)}d^{(m)}} \quad \text{그리고} \quad \beta(m) = \frac{i - i^{(m)}}{i^{(m)}d^{(m)}} \qquad \text{(식 7.16)}$$

증명

이 증명의 핵심은 [정리 4]에 의하여 UDD 가정하에 (식 7.10)의 변환 공식

$$A_x^{(m)} = \frac{i}{i^{(m)}} A_x$$

을 이용하는 것이다. 또한 (식 7.4)를 이용하면

$$\begin{aligned} \ddot{a}_x^{(m)} &= \frac{1}{d^{(m)}}\left(1 - A_x^{(m)}\right) \\ &= \frac{1}{d^{(m)}}\left(1 - \frac{i}{i^{(m)}} A_x\right) \\ &= \frac{1}{d^{(m)}}\left(1 - \frac{i}{i^{(m)}}\left(1 - d\ddot{a}_x\right)\right) \\ &= \frac{id}{i^{(m)}d^{(m)}}\ddot{a}_x - \frac{i - i^{(m)}}{i^{(m)}d^{(m)}} \end{aligned}$$

와 같이 증명을 완성할 수 있다. (여기서 첫 번째 등호는 (식 7.4)를 이용하였고, 두 번째 등호는 (식 7.10)을 이용하였다.)

정리 6

한계나이가 w임을 가정할 때, 음이 아닌 정수 x에 대하여 UDD(가정 1)하에

$$\ddot{a}_{x:\overline{n|}}^{(m)} = \alpha(m)\ddot{a}_{x:\overline{n|}} - \beta(m) + {}_np_x\, v^n \beta(m) \qquad \text{(식 7.17)}$$

이 성립한다. 여기서 $\alpha(m)$과 $\beta(m)$은 (식 7.16)에 정의되어 있다.

증명

[문제 1]의 결과와 (식 7.10)을 이용하여

$$\begin{aligned} \ddot{a}_{x:\overline{n|}}^{(m)} &= \ddot{a}_x^{(m)} - {}_np_x\, v^n \ddot{a}_{x+m}^{(m)} \\ &= \alpha(m)\ddot{a}_x - \beta(m) - {}_np_x\, v^n\left(\alpha(m)\ddot{a}_{x+m} - \beta(m)\right) \\ &= \alpha(m)\ddot{a}_{x:\overline{n|}} - \beta(m) + {}_np_x\, v^n \beta(m) \end{aligned}$$

을 얻을 수 있다.

예제 14

음이 아닌 정수 x에 대하여 UDD([가정 1])하에

$$\bar{a}_x = \alpha\,\ddot{a}_x - \beta$$

이 성립한다. 여기서 α와 β는

$$\alpha = \frac{i\,d}{\delta^2} \text{ 그리고 } \beta = \frac{i-\delta}{\delta^2}$$

와 같이 정의된다.

풀이

[정리 6]의 증명과 비슷하게

$$\begin{aligned}\bar{a}_x &= \frac{1-\bar{A}_x}{\delta} \\ &= \frac{1-i/\delta\left(1-d\ddot{a}_x\right)}{\delta} \\ &= \frac{i\,d}{\delta^2}\ddot{a}_x - \frac{i-\delta}{\delta^2}\end{aligned}$$

을 얻을 수 있다. 여기서 두 번째 등호는 UDD 가정으로부터 얻어진다.

연습문제

1* UDD 가정을 사용하여 $(x)=(40)$에 대해서 다음을 계산하여라.

1) $\dot{e}_x$
2) $\overline{A}_x$
3) $\overline{a}_x$
4) $A_x^{(2)}$
5) $\ddot{a}_x^{(2)}$

2 [제45회 제1차 보험계리사 기출문제] $q_x=0.1$이고 UDD를 가정할 때 ${}_{0.2\,|\,0.3}q_x$을 구하여라.

3 [제44회 제1차 보험계리사 기출문제] UDD를 가정할 때, 다음의 생명표를 이용하여 $\dot{e}_{90}$을 구하여라.

x	90	91	92	93	94
l_x	1100	900	650	350	0

4 [제43회 제1차 보험계리사 기출문제] 다음 두 조건을 만족하는 q_{50}값을 구하여라.

1) ${}_{0.2}q_{50.6}=0.1$
2) UDD 가정

1 (SOA 2000 May #12) For a certain mortality table, you are given:

(i) $\mu_{80.5} = 0.0202$
(ii) $\mu_{81.5} = 0.0408$
(iii) $\mu_{82.5} = 0.0619$
(iv) Deaths are uniformly distributed between integral ages.

Calculate the probability that a person age 80.5 will die within two years.

2 (Modification of 2003 Nov #16) For a space probe to Mars:

(i) The probe has three radios, whose future lifetimes are independent, each with mortality following

$$_{k|}q_0 = 0.1(k+1), \quad k = 0, 1, 2, 3$$

where time 0 is the moment the probe lands on Mars.

(ii) The failure time of each radio follows the constant force of mortality within each year.
(iii) The probe will transmit until all three radios have failed.

Calculate the probability that the probe is no longer transmitting 2.25 years after landing on Mars.

3 (Modification of SOA 2003 Nov #9) For an annuity payable semiannually, you are given:

(i) Deaths are uniformly distributed over each year of age.
(ii) $q_{69} = 0.03$
(iii) $i = 0.06$
(iv) $1000\overline{A}_{70} = 530$

Calculate $\ddot{a}_{69}^{(2)}$ and $A_{69}^{(2)}$.

참고문헌

Tatham, John. "English Life Tables Nos. III and IV." Journal of the Institute of Actuaries (1886–1994), vol. 29, no. 1, 1891, pp. 28-31. JSTOR, www.jstor.org/stable/41135971.

Ruckman, Chris, and Joe Francis. Financial Mathematics: A Practical Guide for Actuaries and Other Business Professionals. BPP Professional Education, 2005.

(ㅈ)

(ㅍ)

(ㅎ)

저자 소개

안재윤
서울대학교 자연과학대학 졸업(학사: 수리과학전공)
아이오와대학교 졸업(석사: 보험계리전공)
아이오와대학교 졸업(박사: 통계학전공)
(현) 이화여자대학교 통계학과 교수

김소연
서울대학교 자연과학대학 졸업(학사: 통계학전공)
워털루대학교 졸업(석사: 보험계리전공)
워털루대학교 졸업(박사: 보험계리전공)
PwC Canada, 보험연구원 근무
홍익대학교 상경대학 부교수
(현) 서울과학기술대학교 경영학과 부교수

오로지
이화여자대학교 자연과학대학 졸업(학사: 통계학전공)
아이오와주립대학교 졸업(석사: 통계학전공)
이화여자대학교 졸업(박사: 통계학전공)
(현) 육군사관학교 수학과 조교수

이영주
이화여자대학교 자연과학대학 졸업(학사: 통계학전공)
이화여자대학교 졸업(석사: 통계학전공)
Willis Towers Watson, 삼성화재 근무

이규리
이화여자대학교 경영학과 졸업(학사: 통계학 복수전공)
이화여자대학교 25년도 졸업(예정)(석사: 통계학과 석사)

김도희
이화여자대학교 통계학과 25년도 졸업(예정)
(학사: 수학, 계산과학 복수전공)

보험통계 입문 with Excel

저　　자　안재윤 · 김소연 · 오로지 · 이영주 · 이규리 · 김도희
발 행 인　김지영
발 행 처　자유아카데미
주　　소　경기도 파주시 회동길 37-42
　　　　　파주출판도시
전　　화　031-955-1321
팩　　스　031-955-1322
홈페이지　www.freeaca.com
전자우편　main@freeaca.com (대표)
　　　　　editor@freeaca.com (편집)
　　　　　crm@freeaca.com (영업)
등　　록　제406-2003-017호, 1980. 7. 12
제1판1쇄　2024년 12월 1일 발행

저자와의 협의하에 인지생략

ISBN 979-11-5808-517-9 93310